デジタル時代に知名度ゼロから成功する！

ブランディング
見るだけノート

乙幡満男　監修

宝島社

デジタル時代に知名度ゼロから成功する!

ブランディング
見るだけノート

乙幡満男 監修

LOGO	DESIGN	VALUE	TRUST	IDENTITY

宝島社

はじめに

「デジタル時代」という言葉が使われるようになってから何年も経ちましたが、デジタル時代とはいったいどんな時代なのでしょう？

簡単に言えば、「すべてのデータがつながる時代」とも言い換えられますが、つまりは、さまざまな情報がデジタル技術の進化によって、関連性を持つ時代になったということではないでしょうか。

今までは入手できなかった大量の情報が一般の人々の手元に届き、その膨大な量から取捨選択を強いられる時代。そんな時代になって、人々の情報の受け取り方が変わってきていると言えるでしょう。そう考えると、従来のマーケティング手法が通用した時代とは異なることはなんとなく理解できるでしょうか。

そんな時代に企業として、あるいは商品ブランドの担当者として利益を生むためにはどうすればいいのか。その問いに対する答えとして一つ挙げられるのが、本書で紹介する「ブランディング」であると私は思っています。

これは、私がかつて数百の会社と仕事をしてきた際に感じた「もっとブランドを活用すれば、もっと高くしても売れるのに」という実際にブランディングを通して得た経験から導き出された答えです。

日本企業、特にメーカーなどは非常に優秀で、技術的には間違いない商品が多いのですが、それが伝わっていない、もったいない例が非常にたくさんありました。

そもそも、全体的にモノづくりのレベルが高い日本では、他社との差が大きくなりにくく目立ちにくいため、当人たちですら価値の高さに気付いていないことも少なくありません。そのため競合とのシェア争いは価格競争となり、疲弊する割には利益につながらない。そんな状態を打開するために必要なのが、ブランディングなのです。

ブランディングとは、簡単に言えば商品の価値を「なるべく多く知ってもらうこと」です。例えば100の価値があるものでも、その価値がお客さんに50しか伝わっていないとします。そのとき、お客さんにとっての商品の価値は50。お客さんは100の価値の値段を払う気にはならず、売れるチャンスを逃してしまうのです。それでも無理に買ってもらおうとして値引きをするなど、今までの日本では「価値があるものをその価値以下の値段で売ってしまう」ということがたくさんありました。

ブランディングを行うことでお客さんに100の価値が伝われば、値下げをする必要もなく、100の値段で購入してもらうことができるでしょう。価値に見合った値段で売ることができます。そのために必要なのが「価値を伝えるための方法」であり、それこそがブランディングです。

近年注目を浴びるようになってきたブランディングですが、その解説書は理解するのが難しい高度な内容のものばかりでした。また、専門的な手法が載っていることで「ブランディングは大企業が大掛かりにやるもの」というイメージがあるかもしれません。しかし、ブランディングはまず「学ぼう」と思うことが大切です。

本書が「導入したいけど時間がない」「だから知識を短時間で得たい」と思う人にとって、ブランディングを理解するためのきっかけとなることを祈っています。

乙幡満男

デジタル時代に知名度ゼロから成功する!

ブランディング見るだけノート
Contents

はじめに …………………………………… 2

01 企業にとってブランディングは必要? 不要?
ブランディング、モノの買い方、情報発信 …………… 10

02 グローバル経済で必要なブランディング力とは
グローバル企業、優位性、新たな価値、グローバル経済 …………… 12

03 日本ならではのブランディングの問題とは
アピール力、ブランド力、蓄積 …………… 14

Chapter1
ブランディングとはなにか?

01 "ブランド"とはなにを指すのか
階層 …………… 18

02 ブランドはどんな役割を果たしているのか
ブランド品、情報のやり取り …………… 20

03 ブランドは企業の長期的な利益の源泉
無形資産 …………… 22

04 顧客が優先するのは価格より価値
価格プレミアム …………… 24

05 値下げはブランド価値を下げてしまう
値下げをすることのリスク …………… 26

06 信念のないブランドは信頼されない
ブランドへの共感、ミッション …………… 28

07 ブランド価値を上げて価格プレミアムを維持する
ブランド価値、経済的価値 …………… 30

08 ブランディングの優秀さは企業価値になる
ブランド体験、ジャパン・ブランディング・アワード、トーン&マナー、タッチポイント …………… 32

09 3つあるブランド価値の評価方法
ブランド価値評価、インカムアプローチ …………… 34

10 インカムアプローチでブランド価値を割り出す
ブランド役割指数、ブランド強化スコア …………… 36

11 ブランディングとマーケティングの関係性
4P戦略、4E戦略 …………… 38

12 ブランド戦略は全員の強い想いが必要
全員の強い想い、トップダウン方式、ボトムアップ方式 …………… 40

13 日本企業のブランディングの失敗パターン
セオリー、ベストプラクティス …………… 42

14 ブランディングがしやすいのは中小企業
尖り、こだわり層 …………… 44

column01
覚えておきたいブランディング用語集 ……… 46

Chapter2
ブランディングの全体像をつかむ

01 ブランド価値を高める
ブランディング活動とは
リーディングブランド ……… 50

02 ブランディングで必要な
3つのステップと8つの要素
ブランドの目指す姿、インサイト ……… 52

03 自社分析を行い
自社ブランドの強みを探る
ブランド資源、ミッション ……… 54

04 潜在的なニーズを洞察し
顧客のインサイトを探る
顧客インサイト、エスノグラフィ、
バズ分析、カスタマージャーニー ……… 56

05 競合分析を行い
競合との差別化を探る
ブランドパーソナリティ、
ブランドポジショニング ……… 58

06 ブランドの目指す
確固とした姿を設定する
ブランドの目指す姿 ……… 60

07 ブランドの目指す姿を
表現する仕組みづくり
ブランドらしさ、
ブランドガイドライン ……… 62

08 ブランドの目指す姿は
まず社内で浸透させる
社員教育、インナーブランディング ……… 64

09 お客さんを含めた社外に
ブランドの目指す姿を共有
アウターブランディング、
タッチポイント ……… 66

10 ブランディングは効果測定を
しなくては意味がない
KPI、KPIマネジメント、KGI ……… 68

column02
覚えておきたいブランディング用語集 ……… 70

Chapter3
現状と顧客を分析し、差別化する

01 ブランド戦略が
必要な理由とは
顧客との関係性 ……… 74

02 ブランドの現状を把握する
3C分析を行う
3C分析、ブランド資源 ……… 76

03 自社の強みを
価格以外で見つけ出す
レッドオーシャン、
認知→理解→好意→愛着 ……… 78

04 自社の意見だけだと
本当の強みに気が付けない
ジョハリの窓、盲点の窓 ……… 80

05 ターゲット属性は
2方面から考える
コアターゲット、価値観・世界観、
心理学的側面 ……… 82

06 ターゲットを
絞ったほうがいいワケ
戦略的ターゲット ……… 84

07	ターゲットを具体的な顧客像にまで落とし込む
	ペルソナ、デモグラフィック、サイコグラフィック ………… 86

08	顧客の本音"インサイト"をつかむ
	インサイト、隠れた真実 ………… 88

09	インサイトは顧客の行動から読み取る
	行動観察、カスタマージャーニー、仮説 ………… 90

10	顧客を属性ごとに分類する4つの軸
	ブランドストーリー、製品に関する自我関与度、価格の許容度 ………… 92

11	自社ブランドの位置を知り戦略を立てる
	ブランドポジショニング、リーダー、チャレンジャー、ニッチャー、フォロワー ………… 94

12	差別化戦略はお客さんに届いてこそ意味がある
	レッドオーシャン、ブルーオーシャン ………… 96

13	ブランドは一番になることが大事
	ブランド占有率、マインドシェア ………… 98

14	商品のいいイメージをお客さんに抱かせる
	ポジショニング、プライベートブランド、PB、知覚品質 ………… 100

15	他社との違いを視覚的に表す
	ポジショニングマップ、機能的特性、情緒的特性 ………… 102

16	差別化でよくある失敗とは
	軸の項目設定、お客さん視点、マーケット ………… 104

17	リブランディングでさらなる成長を目指す
	リブランディング、再活性化、伝統 ………… 106

column03
覚えておきたいブランディング用語集 ………… 108

Chapter4
ブランドらしさのつくり方

01	ターゲットに求められる自社の特性を知る
	ブランドの目指す姿、ブランドの提供価値、セブンプレミアム ………… 112

02	目指す姿をつくる際のチェックポイント
	個性、ベネフィット、キーワード、当たり前 ………… 114

03	顧客にとってのベネフィットを知る
	顧客にとってのベネフィット、自己表現的ベネフィット ………… 116

04	価値を決める2つの人間の特性
	ブランド体験 ………… 118

05	ブランド戦略にはエビデンスを用いる
	エビデンス、自社の強み ………… 120

06	ターゲットを惹きつけるブランドらしさとは
	ブランドパーソナリティ、ブランドの人格、エコ、コアターゲット ………… 122

07 ブランドらしさの
提供に関わる4つの要素
クアドラントモデル、
居心地のよさ ……………… 124

08 ブランドの「らしさ」は
視覚・言語要素で成り立つ
ブランド要素、ブランドエレメント、
ビジュアル、バーバル、
トーン＆マナー ……………… 126

09 ブランド・ロゴが
最も重要である理由
ビジュアルアイデンティティ、VI、
ブランドシンボル、ロゴデザイン …… 128

10 色が与える印象を利用した
ブランドカラー
色、キーカラー ……………… 130

11 視覚的なブランド要素は
統一感が大事
配色、キービジュアル、
デザインシステム ……………… 132

12 ブランド名は目指す姿を
イメージさせるものに
バーバルアイデンティティ、
1語で表現、かけ合わせ、
頭文字、アナグラム ……………… 134

13 ブランド名決定で
やりがちな失敗例とは
ありきたり、発音、
アルファベット表記、陳腐化 …… 136

14 語り口をコロコロ変えると
信頼されない
口調、語り口、トーン・オブ・ボイス、
タッチポイント ……………… 138

15 発信するメッセージを
統一して混乱を防ぐ
メッセージシステム、整合性、
オーディエンス、ステークホルダー …… 140

16 スローガンや目指す姿は
分かりやすさが一番大事
タグライン、ブランドシンボル、
ブランドステートメント ……………… 142

17 視覚・言語以外の
ブランド要素とは？
タッチポイント、メロディ、
ほかが絶対にマネできない味 …… 144

18 クリエイティブにおける
デザイナーとは？
ビジュアルシンボル、核、
デザイナー、切り口、専門性、
自社ブランドの理解度、創造性 …… 146

column04
覚えておきたいブランディング用語集
……………… 148

Chapter5
ブランドらしさを育てるには

01 ブランドガイドラインで
「らしさ」を守る
タッチポイント、
ブランドガイドライン、書体 ……… 152

02 ブランドを守る
ガイドラインに必要なモノ
ポジショニング、ブランドパーソナリティ、
ブランドストーリー ……………… 154

03 インナーブランディングには
ブランド・ブックが便利
ブランド・ブック、
ビジュアル化、ITの活用 …………… 156

04 ブランド価値を
最大化させるための姿勢
ブランドの目指す姿 …………… 158

05 インナーブランディングの
具体的な進め方
インナーブランディング、
ブランドアンバサダー、愛着 …… 160

06 短絡的なインパクト重視は
ブランディングに向かない
インパクト、一体感、ストーリー性
………… 162

07 ブランドコミュニケーションを
適切にマネジメントするには
ブランドコミュニケーションマネジメント、
クリエイティブブリーフ …………… 164

08 広告に頼らないメディアでの
認知度アップ方法とは
アウターブランディング、
プレスリリース …………………… 166

09 SNSなどのWEBメディアで
ブランド認知を高めるには
インフルエンサー、
クラウドファンディング …………… 168

10 共創時代の新たな
ブランディングの進め方
共創、AIDMA、5A理論、
自己表現的ベネフィット …………… 170

column05
覚えておきたいブランディング用語集
………………………………… 172

Chapter6
効果測定を行い
次につなげる

01 効果測定なくして
ブランディングは完成しない
効果測定、フィードバック、
定性調査、トラッキング ………… 176

02 ブランディングの最終目標との
ギャップに対応する
ギャップ、トレンド、SNSサービス
………… 178

03 10の視点①ブランド概念の
社内浸透度が基本
概念明瞭度、フランチャイズ …… 180

04 10の視点②従業員の
ブランドへの愛着度を上げる
関与浸透度、愛着、誇り ………… 182

05 10の視点③ブランドらしさの
保護のための体制
統治管理度、
ブランドガバナンス、CMO …… 184

06 10の視点④変化に対する
先見性のある対応力を持つ
変化対応度、組織のイノベーション、
組織の機動性 …………………… 186

07 10の視点⑤顧客にとって
安心感のあるブランド
信頼確実度、ファン、歴史、伝統
………… 188

08 10の視点⑥顧客の要望への
要求充足度の高さとは?
要求充足度、機能ベネフィット、
情緒ベネフィット、機能的ニーズ、
情緒的ニーズ …………………… 190

| 09 | 10の視点⑦差別化が顧客に感じられているか
特有の価値、差別特有度 …… 192

| 10 | 10の視点⑧体験一貫度でストーリーのブレをチェック
体験一貫度、語り口、モニタリング、ブランドの世界観 …… 194

| 11 | 10の視点⑨メディアでの扱いで注目度を調べる
存在影響度、プレゼンス、オピニオンリーダー、純粋想起 …… 196

| 12 | 10の視点⑩顧客に一体感を感じさせファン化する
共感共創度、ファン、一体感、ファン基盤 …… 198

| 13 | ブランドマネジメントはPDCAで継続する
PDCA、ブランド価値、カイゼン …… 200

column06
覚えておきたいブランディング用語集 …… 202

Chapter7 ブランディングの成功例に学ぶ

| 01 | 真のグローバル企業に生まれ変わったサントリーグループ
グローバル化、文化の違い、自分ごと化 …… 206

| 02 | 業界の革命児が停滞からよみがえったマツモトキヨシ
リブランディング、ユニークな商品 …… 208

| 03 | リブランディングで経営危機を脱したマツダ
販売チャネル、スカイアクティブ技術 …… 210

| 04 | グループ全体にブランド価値を蓄積させた大和ハウス
ブランドシンボルマーク、モチベーション …… 212

| 05 | 埋もれていた製品価値を再訴求したレフライト
BtoC、BtoB、カラーの反射布 …… 214

| 06 | コロナ禍で提供価値を見直し拡大したシダス
ポテンシャルユーザー、タッチポイント …… 216

掲載用語索引 …… 218

主要参考文献 …… 223

KEY WORD → ☑ ブランディング、モノの買い方、情報発信

企業にとってブランディングは必要？不要？

多くの企業やブランドが徐々に低迷していくデジタル時代の現代に生き残るためには、新たな時代に合わせた戦略が必要になってきます。

「**ブランディング**」という言葉は、近年のビジネスにおいて非常に重要視されるようになってきました。しかし一方で「なにがブランディングなのか」ということは、広く知られてはいません。ではなぜ、お客さんを含む多くの人が意識していない「ブランディング」が注目されるのでしょうか。**それは、「今までのマーケティングだけでは、モノやサービスが売れなくなったから」**です。その理由として一番に挙げられるのが、インターネット・SNSの大幅な普及。お客さんが自ら情報を得たり、発信できるようになったことで、従来のマーケティングでは一方的に発信されていた情

ブランディングが必要になった理由

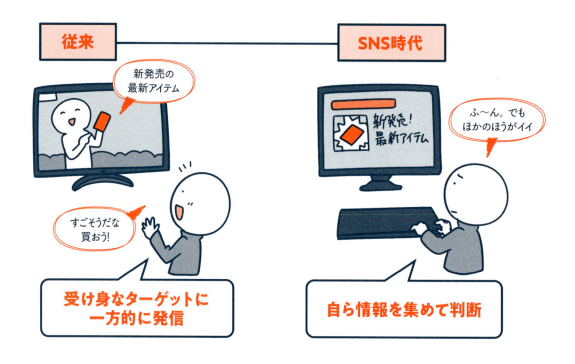

報を購入前に自ら入手できるようになり、**お客さんの「モノの買い方」が変化した**のです。これまでの企業の考え方は「モノがよければ売れる」というものでしたが、そんなデジタル時代になった現代は、企業が以前のようにただ商品の**情報発信**をしても、大量の情報に埋もれて、お客さんの目に留まる機会も減少。モノがよくても、その価値が伝わらないと売れません。また、競合と同じ品質や価値であれば「なにを選ぶのか」という話になりますが、そこでは「好きかどうか」が選択されるために重要になってきます。その「好き」、つまり**情緒的価値をつくるのが「ブランド」であり、ブランディングはそのために非常に有効**なのです。

KEY WORD → ☑ グローバル企業、優位性、新たな価値、グローバル経済

02 INTRO.
グローバル経済で必要なブランディング力とは

海外の新商品などは、なかなか受け入れられにくいもの。しかし、それをブランド戦略によって「価値あるモノ」へと置き換えることが、グローバル経済では重要です。

経済活動への制約がなくなった現代では、巨大な**グローバル企業**が世界の隅々まで進出しています。もちろん日本も例外ではありません。消費が縮小している日本市場においても、世界的なグローバル企業と向き合わなければならなくなりました。グローバル企業の多くは各国の市場へ参入するに当たり、事前にさまざまなリサーチを行って準備を重ねます。その一つがブランディングです。<u>新規市場においては、知名度は低く、ブランドの理念などが知られていることはほとんどありません。そのため大切なのが「どんなブランドなのか」を知らしめること。</u>

グローバル経済ではブランディングが必須

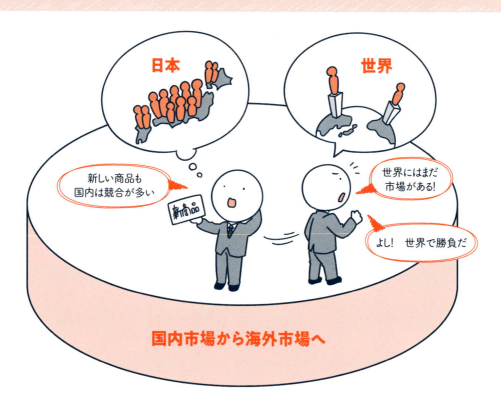

国内市場から海外市場へ

もちろん、既存商品の競合として市場に参入し、商品の魅力によってシェアを獲得するのが基本的な戦略となりますが、そこでも「この商品は既存のモノと比べてこれだけ魅力的である」というブランド戦略は不可欠。このとき、価格の**優位性**（安さ）だけで勝負を仕掛けるのは得策ではありません。安さだけが魅力であれば、同品質でもっと安い価格のモノが現れれば、すぐにシェアは奪われてしまいます。大切なのは価格ではなく、その商品などによってもたらされる「消費者にとっての価値」。**この「新たな価値の獲得」という、消費者にとっての魅力を受け入れられやすいようにブランド戦略によってアピールする**ことが、**グローバル経済**では最も重要だと言えます。

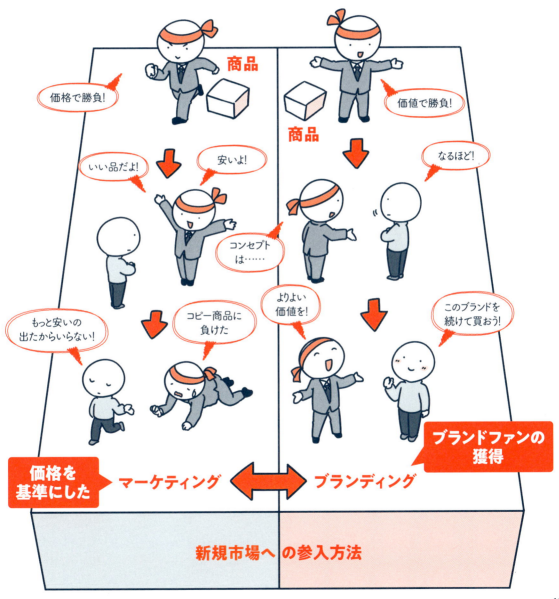

KEY WORD → ☑ アピール力、ブランド力、蓄積

03 INTRO. 日本ならではの ブランディングの問題とは

ブランド力が上がると、価格競争から人材採用に至るまでさまざまな面でメリットが生まれてきます。ブランド力とは長期的な利益を生み出す「資産」なのです。

日本企業は日本人の気性と同じく、経済活動もマジメだと言えます。「良質なものをお求めやすい価格で」というお客さん本位のモノづくりは、戦後の日本の特徴とも言えるでしょう。しかし、残念ながら**日本人はアピールするのが欧米人などに比べると苦手**なのも事実。グローバル企業として成功するためには、アピール力が必要なのも確かです。もちろん、この**アピール力**というのは広告・広報などのマーケティング戦略だけではありません。**「このブランドはこんな商品を提供する」**という、**消費者に思い浮かばせるブランド力も含まれます。**

アピール力の差が明暗を分ける

近年まで、ブランディングという面で日本企業の、特に優れた技術を持つ企業の残念な傾向であったのが「よいモノは分かってもらえる」という職人気質の考え方。せっかくの優れた点を多くの人に知ってもらえる機会を失っていたのです。日本の技術力の高さは世界的にも有名ですが、それを支えるそれぞれの企業のオンリーワンの技術などが個別に各社・ブランドのイメージとして評価されてこなかったのは、非常にもったいないこと。**蓄積されていればどれだけのブランドイメージになっていたかを考えると大きな損失**だと言えます。その手法・考え方が社内に浸透し、お客さんに届けられるようになる「ブランド戦略」を成功させるためには、トップを含む社員全員が、ブランディングについてしっかり学ぶ必要があるでしょう。

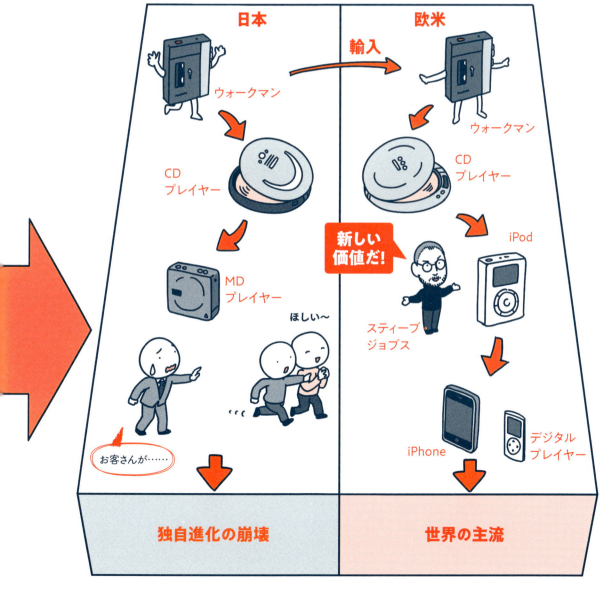

Chapter 1

Branding
mirudake note

ブランディングとは
なにか？

近年のグローバルブランドのブランド戦略に影響されて日本でも取り組む企業は増えていますが、うまくいかないことも多くあります。この章では、なぜブランディングが必要なのか、そしてどうすれば成功するのかを学んでいきましょう。

KEY WORD → ☑ 階層

01 BRAND
"ブランド"とは
なにを指すのか

ブランドとは、ファッションブランドなど、商品だけを指すものではありません。企業ブランド、事業ブランド、商品ブランドといった、さまざまなブランドがあります。

ブランドと言うと、有名店の高級ファッションブランドや、有名な高級車のメーカー名などを思い浮かべる人が多いでしょう。しかし、**ブランドという言葉は、「ある商品（商標）」のことだけを指すのではありません。もっと広い意味を持っているものです。**例えば、さまざまな「サービス」もブランドであり、「セブン-イレブン」といった屋号や「ディズニーランド」などのレジャー施設名もブランドです。また、「Google」や「YouTube」といったインターネット上のサービスや、スマートフォンのアプリさえも、サービスのブランドの一つです。

ブランドとは

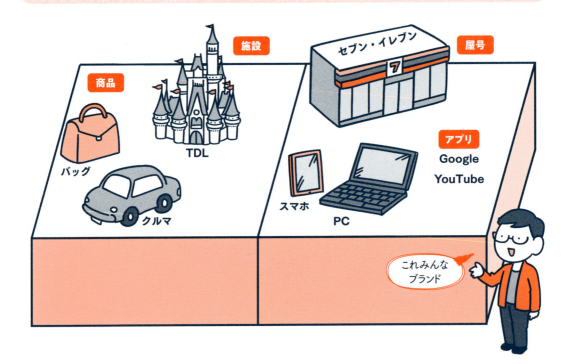

企業もまたブランドです。例えば「コカ・コーラ」の場合、企業としてのブランドも商品としてのブランドも「コカ・コーラ」です。どちらも「コカ・コーラ」なので混同してしまいがちですが、企業ブランドとしての「コカ・コーラ」と商品ブランドとしての「コカ・コーラ」では、消費者へのメッセージや役割が微妙に違ってくるので気を付けなくてはいけません。これは、ブランドにも「**階層**」があり、企業ブランドと商品ブランドは、分けて考えなくてはいけないということ。**ブランドの階層には、企業全体を表す「企業ブランド」、その企業内における事業体の「事業ブランド」、そこの商品やサービスを表す「商品ブランド」があり**、商品ブランドにはさらに「サブブランド」「シリーズブランド」などが続くのです。

■ブランド階層（例：ユニクロ）

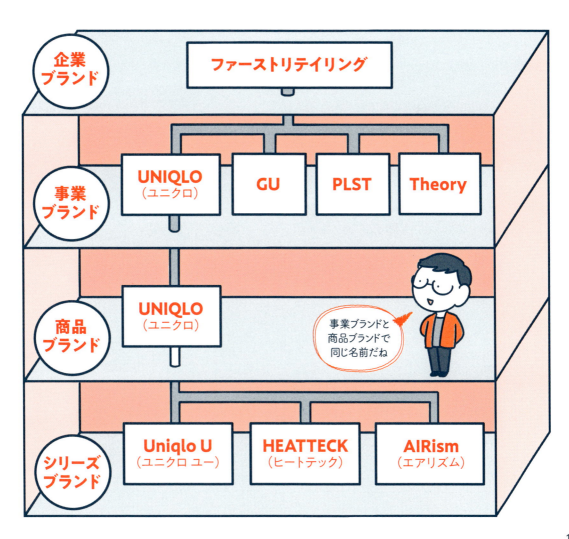

KEY WORD → ☑ ブランド品、情報のやり取り

02 ブランドはどんな役割を果たしているのか

「ブランド」に階層があることを理解したうえで改めて、身の回りのどんなものが「ブランド」なのかを考えてみましょう。

多くの人には、「ブランド」といえば「高いけどいいもの」「安心安全の代名詞」といった意識があるでしょう。しかし、本来の意味での「ブランド」とは、よくも悪くもその会社や商品のイメージと言えるもので、高級品だけとは限りません。日本では、良質で高価な品を提供する一部のブランドのイメージから、**ブランド品＝高級品**と考えられるようになりましたが、**意識していないだけで、身の回りにはブランドが溢れている**のです。例えばコンビニの棚に並ぶ商品も、それぞれのブランドの商品。私たちがなにげなく目にしている「メーカー名」「シリーズ名」もブランドで

ブランドの果たす役割

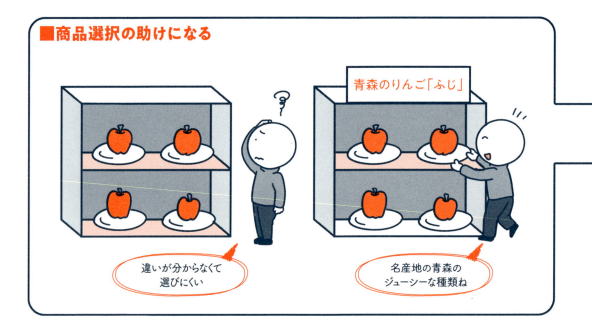

■商品選択の助けになる

違いが分からなくて選びにくい

青森のりんご「ふじ」

名産地の青森のジューシーな種類ね

20

す。同じような商品が大量に並ぶなかで「このメーカーのものは……」と無意識に選択すると
いった具合に、商品選択の助けになるのがブランドの役割といえます。細かい年齢設定や対象
分けをされている商品やシリーズ（ブランド）であれば、消費者はブランド名を見ただけで瞬
時に必要かどうかが分かります。販売者は、ブランドであるだけで同じような商品のなかで「こ
ういった商品である」と消費者にアピールができ、ターゲットである消費者に選んでもらえる可
能性が高まるのです。このように、**ブランドとは販売者と消費者の間で行われる情報のやり取りを非常
に簡単にするものなのです。**

■商品選択の幅を狭めてくれる

KEY WORD → ☑ 無形資産

03 ブランドは企業の長期的な利益の源泉

ブランド力が上がると、価格競争から人材採用に至るまで、さまざまな面でメリットが生まれてきます。ブランド力とは長期的な利益を生み出す「資産」なのです。

ブランドは、長期的な利益を生み出す「無形資産」です。 ブランド力があることのメリットとして挙げられることは数多くあります。まず、割引セールや値下げ競争などをする必要がなくなります。つまり、**競合他社と価格競争をしなくてもよくなり、利益を確保しやすくなる**のです。二つ目に、顧客がそのブランドの商品やサービスが気に入れば、リピーターになってくれます。**リピーターは常にそのブランドを指名して買い続けるので、長期的な利益を確保することが可能**になります。しかし、逆にがっかりさせるようなことがあれば、同じブランドのほかの商品も買ってくれなくなるというリ

ブランドのあるなしで変わること

❶ 値下げしなくてもよい

❷ お客さんがリピーターになってくれる

スクもあります。ブランド力があることの３つ目のメリットは、**お客さんがファンになって、宣伝してくれること**。最近はYouTubeやFacebook、Instagram、TwitterなどのSNSが発達しているので、身近な人ばかりでなく多様な人に発信できます。そのため、お客さんが自ら宣伝してくれるメリットは、ますます顕著なものになっています。４つ目は、**ブランド力が上がると従業員のモチベーションも上がること**。「売らされている」のと「自ら売りたい」のでは大きな違いが表れます。従業員が「売りたい」と思って売る商品は、売上げも大きく伸びていきます。５つ目は、**優秀な人材を採用しやすくなるということ**。ブランド力があれば、その会社で働きたいという意欲を持った人材が集まってきます。

KEY WORD → ☑ 価格プレミアム

04 顧客が優先するのは価格より価値

モノやサービスが同じなのに、より多くの代金を払ってもいいと考える理由、それがブランドの「価値」です。強いブランドには必ずこの「価値」があります。

同じ商品でも、お店によって価格が違うことがあります。例えば一つはスターバックスのロゴが紙コップに印刷されたコーヒー、もう片方はドトールのロゴが紙コップに印刷されたコーヒーです。同じ商品でも、お店によって価格が違うことがあります。例えば、一つはスターバックスのロゴが紙コップに印刷されたコーヒー、もう片方はドトールのロゴが紙コップに印刷されたコーヒーです。中身は同じ豆を使ったSサイズのコーヒーですが、スターバックスは300円、ドトールでは200円と100円の差があると仮定します。**スターバックスを利用する人はなぜ100円多く払っ**

お客さんが高いほうのコーヒーを選ぶ理由

てでも行くのでしょうか。重要なのはその「理由」です。多くの人がスターバックスにより高い代金を払ってもいいと考える理由は、「スターバックスのコーヒーを飲んでいるという優越感」「バリスタが淹れるコーヒー」であったり、「完全禁煙という店内環境」だったりします。つまりスターバックスを選んだ人たちにとって、「スターバックス」というブランドには、ドトールコーヒーより100円高い代金を払う「価値」があるということです。このスターバックスに払う100円のように、**モノやサービスがほぼ同じなのに、多くの人がより多くの代金を払う「価値」があると考えることが、「ブランドが利いている証拠」**です。強いブランドにはこの「価値」があります。「この『価値』に対してならより多く払っていいという金額」のことを「**価格プレミアム**」と言います。

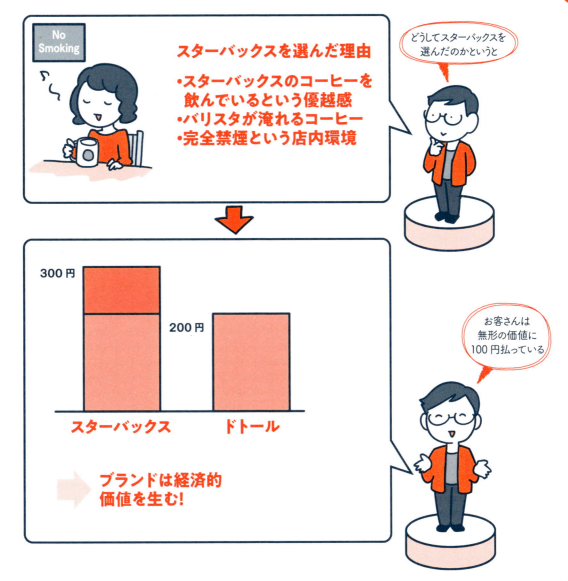

KEY WORD ➡ ☑ 値下げをすることのリスク

値下げはブランド価値を下げてしまう

安易な値下げをすると、むしろブランドの信用を失い、その価値を傷つけてしまいます。強いブランド力があれば、商品を値下げする必要はないのです。

ブランド力が強いと、商品を値下げする必要がありません。例えば1万円で買った商品が次の日に5000円になっていたら、お客さんはがっかりしてしまいます。これが「**値下げをすることのリスク**」であり、**ブランドの信用を損ない、価値を傷つけてしまう**のです。一流ブランドのルイ・ヴィトンは、値下げやセールをいっさいしないことで知られています。値下げがブランド価値に傷を付けることが分かっているからです。そもそも値下げをしないと売れないということは、その商品に元の価格だけの価値がなかったということになります。

ブランドの値下げは逆効果

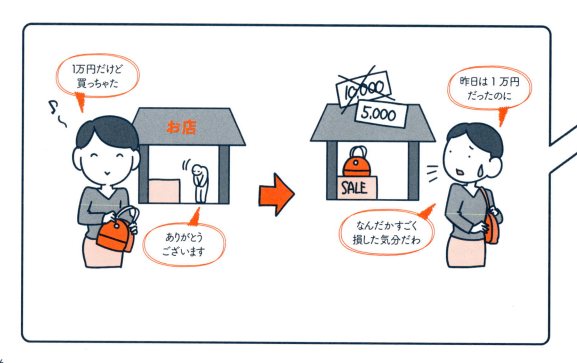

値下げをしないのは高級ブランドだけとは限りません。アメリカの食料品スーパーマーケット「トレーダー・ジョーズ」は、他のスーパーと違って特別なことがない限りセールは行わず、年間を通して価格は同じです。いつも同じ価格なので、お客さんをがっかりさせることがありません。しかも、オリジナルの商品を開発して人気を得るなど、独自の魅力や価値をつくり続けています。

重要なのは、その店にやって来たお客さんはそのスーパーが提供するどんな「価値」を求めて来るのか、ということ。安売りだけを理由にやって来たのなら、他の競合店がもっと安い価格で特売をしたら、そちらに行ってしまうでしょう。安易な安売りでお客さんをつなぎとめておくことはできないのです。

KEY WORD ➡ ☑ ブランドへの共感、ミッション

06 信念のないブランドは信頼されない

おしゃれでカッコいいだけではブランドは長続きしません。確固たるブランドの信念を掲げることで、お客さんの「ブランドへの共感」をつくり出すことが大切です。

ビジネスを長期的な成功に導くのに必要なのは「**ブランドへの共感**」です。そのために大切なのは、その**ブランドの理念や信念、価値観。確固たる信念を持っていないブランドは、お客さんになかなか共感してもらうことはできません。**なんとなくおしゃれでカッコいいブランドはたくさんありますが、それだけでは短命に終わってしまうことがほとんどです。強いブランド力とは、そのブランドの信念や理念を掲げ、お客さんに共感してもらいながら、長年にわたって築き上げていくものなのです。多くの企業は、企業理念や企業として果たすべき**ミッション**（使命）を掲げています。**重要なのは、**

ブランドへの共感を得る

理念、信念、価値観はブランドのハート

28

ブランドが存在するのはなんのためなのか、そしてそのブランドが企業としてのミッションを果たす存在なのかどうかを明確に示すことです。そして、気を付けなければいけないのは、信頼を得るためには長い時間がかかりますが、失ってしまうのは一瞬だということです。例えば食品のブランドの場合、産地の偽装や異物混入などがあった場合、その信用は地に落ち、ブランド力もなくなってしまいます。その食品メーカーが「お客様に安全な食品を届ける」というミッションを掲げていたとしても、利益を優先するあまり形骸化していてはなんの意味もありません。**ブランドにとって利益とは目的ではなく、責任なのです。**

KEY WORD → ☑ ブランド価値、経済的価値

07 ブランド価値を上げて価格プレミアムを維持する

「ブランド価値」とは、そのブランドによってもたらされる経済的な価値のことです。一度確立されたブランドは、価格プレミアムを維持し続けることができます。

企業価値を高めるのは、土地や設備といった**目に見える資産だけではありません。目に見えない技術力やノウハウはもちろん、「ブランド」も企業価値を高めるものの一つ。**これらは利益を生み出す資産であり、いわば「無形資産」なのです。この「ブランド」のなかには「顧客基盤」や「組織力」なども含まれますが、日本ではいままでブランドという無形資産の重要性があまり取り上げられてきませんでした。しかし、近年になってやっと「ブランド価値」に注目が集まるようになってきています。これはなぜかと言えば、**「ブランド価値」がそのブランドによってもたらされる「経済的価値」**

無形資産のなかにブランドがある

企業　技術力　ブランド

資産だけでなくブランドも価値の一つ

だという認識が広まってきたためです。前述のように、同じコーヒー豆を使った二種類のコーヒーでお客さんがどちらのコーヒーに高いお金を払うかという話とも通じますが、「ブランド」はそもそも「企業や商品に関する評判」という意味で一つの情報にすぎません。しかし、その情報が記憶となり、お客さんに伝わることで選ばれ、そのことによって企業が価格プレミアムを得ることができるのです。この経済的価値を得るために必要なのがブランディングであり、さらに無形資産であるブランドの価値を高め、価格プレミアムを維持するブランディングが事業戦略としても非常に有効だと広く認識されるようになったのです。

KEY WORD → ☑ ブランド体験、ジャパン・ブランディング・アワード、トーン&マナー、タッチポイント

08 ブランディングの優秀さは企業価値になる

BRAND

近年、日本でも企業の経済活動において非常に重要と考えられるようになったブランディング。そのブランディングへの企業の取り組みを評価するアワードも開催されています。

ブランディングを成功に導くためには、**その取り組み方やプロセスなどで、戦略やブランド体験のための基盤づくり・体験の場の提供といった活動の一貫性が非常に大事**です。欧米の企業やグローバル企業では広く取り組まれていますが、日本では近年になってやっと重要度が広く知られるようになりました。そんな日本でも、コンサルティング会社であるインターブランドが、優れたブランディングを実行している企業や団体、事業・サービスを評価して、その活動内容を学ぶ機会として2018年から「**ジャパン・ブランディング・アワード**」を開催しています。

ブランディング活動は一貫性が大切

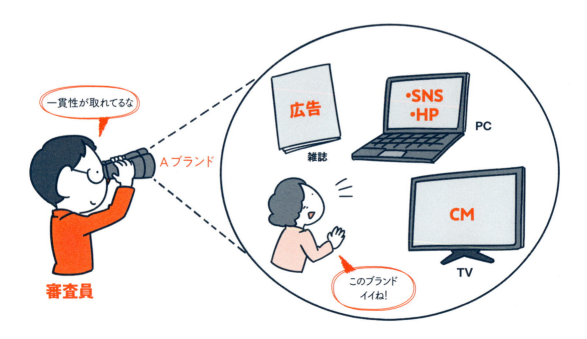

このアワードでは、一貫性のあるブランディングの取り組みと、きちんと社内外で共有され、展開されているかを評価。「ブランドの定義・コンセプトの立案」「表現の統一・**トーン＆マナー**」「各**タッチポイント**での戦略立案」「各タッチポイントでの体験提供」の４つのプロセスと、「活動の成果」を中心に、評価視点や評価ポイントに沿って分析・評価が行われます。インターブランド基準による評価ですが、**ブランディングの取り組みが優れていると評価されることは、そのブランド力およびその維持の取り組みが高いという証**。つまり「ブランディングが優秀＝経済活動も好調に推移する」と予想され、これが企業価値のアップにもつながると考えられるため、ブランディングを推進するうえで目標にするのもよいでしょう。

■ジャパン・ブランディング・アワードの評価基準

KEY WORD → ☑ ブランド価値評価、インカムアプローチ

09 BRAND
3つある ブランド価値の評価方法

最も競争力をもたらす無形資産である、ブランドの価値を測るには「コストアプローチ」、「マーケットアプローチ」、「インカムアプローチ」の3つの方法があります。

ブランドは、最も競争力をもたらす無形資産です。その価値を具体的な金額で考えるときのアプローチの方法は、インターブランドジャパン編著の『ブランディング7つの原則【改訂版】成長企業の世界標準ノウハウ』によると、次の3つが挙げられるとされています。**一番目は「コストアプローチ」**、そのブランドをつくり上げるのに費やしたコストの合計です。しかしこの方法は、ブランド開発のコストの算出が難しいことや、コストが必ずしも将来的な利益やリスクを反映していないなどの問題があります。さらにこのアプローチでは、ブランドの開発にコストをかける

ブランド価値の算出方法は？

❶コストアプローチ
ブランドづくりにかかったコスト

ほど、そのブランドの価値は高くなってしまいます。このやり方は、適正な**ブランド価値評価**の方法には向いていません。**二番目は「マーケットアプローチ」**、時価に基づいて価値を評価する方法です。比較的似ているブランドがM&Aで売買された取引価格を参考にして評価対象のブランド価値を評価しますが、ブランドは個別性が高いので、類似対象との比較が難しいという問題点があります。**三番目は「インカムアプローチ」**、ブランドが生み出す将来的なキャッシュフローの割引現在価値（将来受け取れる価値が現在受け取れるとしたら、どの程度の価値を持つかを表す数値）で評価します。予測が難しい将来のキャッシュフローや、割引率の算定が難しいという問題はありますが、3つのアプローチのうち、インカムアプローチが最適であるとされています。

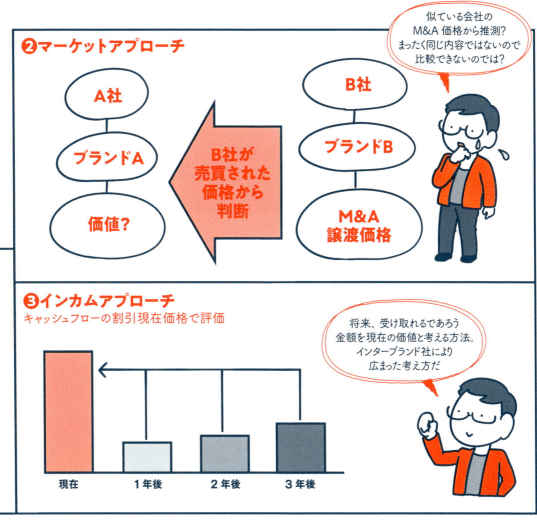

出典：『ブランディング 7つの原則【改訂版】成長企業の世界標準ノウハウ』

KEY WORD → ☑ ブランド役割指数、ブランド強化スコア

インカムアプローチで ブランド価値を割り出す

10 BRAND

将来のブランド価値を現在価値に換算するインカムアプローチの手法です。ブランド価値を算定する際には、3つのステップで考える必要があります。

インカムアプローチでブランド価値を算定する方法としての、前述の『ブランディング7つの原則【改訂版】成長企業の世界標準ノウハウ』で提示されている方法は次のとおりです。この算定方法には3つのステップがあり、その一番目のステップが財務分析。そのブランドは将来どれくらいの利益を生むか、ということを財務データを主体に金額に換算して、営業利益から事業に投下したコストを引いた経済的利益、「エコノミックプロフィット（EP）」を算出。これは、企業が一年間に生み出した付加価値（特別な利益）を意味し、この利益が続くであろう年数を

インカムアプローチの考え方

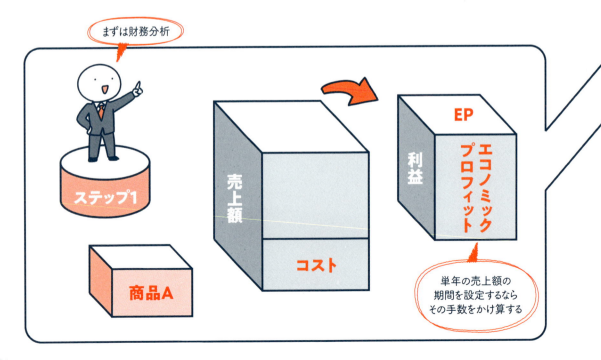

予測して金額に落とし込みます。二番目のステップはブランドの役割分析で、購買要因を分析することでブランドがどれだけ利益に貢献したかという「**ブランド役割指数**」を算出。このステップ1の「EP」×「ブランド役割指数」が、ブランドがどれくらい儲けに役立っているかの数値となります。その確実性を測るのが、3番目のブランド強度分析で策定する「**ブランド強化スコア**」で、「EP×ブランド役割指数」による儲けが「どれくらい確実か」を評価して将来のブランド価値を現在の価値として換算するというもの。ブランド強化スコアを割り出すためにインターブランド社が採用する10の指標（P180〜199）がありますが、そこまで厳密ではなくても「将来の利益額とその期間」「売上額へのブランドの貢献度」「その確実度」を割り出すことで、業界のなかで比較してブランド価値がどの程度あるのかを知ることができます。

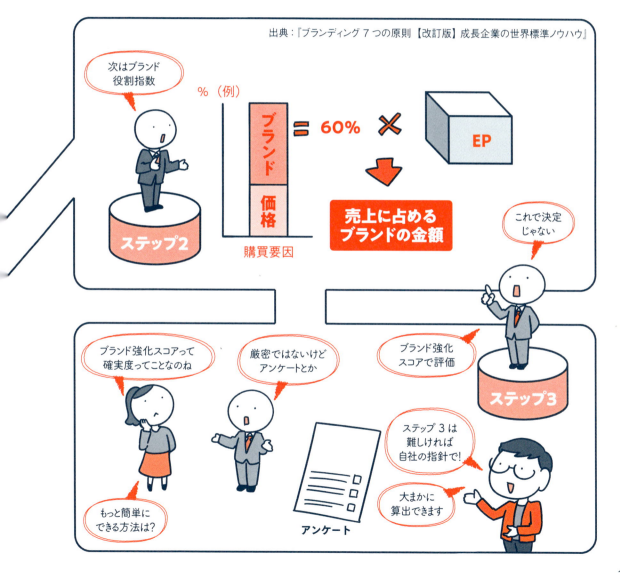

出典：『ブランディング7つの原則【改訂版】成長企業の世界標準ノウハウ』

KEY WORD → ☑ 4P戦略、4E戦略

11 ブランディングと マーケティングの関係性

ブランディングとマーケティングの違いを理解している人は多くありません。重要なのは、マーケティング戦略のなかで、ブランディングの位置付けを明確にすることです。

ブランドの構築とマーケティングの違いはどこにあるのでしょうか？ そもそもマーケティングとは、どの分野を狙うか市場を細分化し、誰に売るかというターゲットを決め、競合との違いを明確にするためのポジショニングを決めたうえで「売れる仕組み」を決めることです。その際に重要なのがいわゆる**4P戦略**、Product（製品・商品）、Price（価格）、Place（流通）、Promotion（宣伝）の組み合わせです。つまり**マーケティングとは「どんな商品をいくらに設定し、どこで販売するかを決め、どのような宣伝をして売っていくか」**ということです。

4Pから4Eへ

4P
Product（製品・商品）
Price（価格）
Place（流通）
Promotion（宣伝）

4E
Experience（体験）
Exchange（交換）
Every Place（あらゆる場所）
Evangelism（伝播）

マーケティング　ブランディング

現在のようにSNS時代になってからは、マーケティング戦略は企業発信的な４Ｐ戦略から、Product（製品・商品）→ Experience（体験）、Price（価格）→ Exchange（交換）、Place（流通）→ Every Place（あらゆる場所）Promotion（宣伝）→ Evangelism（伝播）の**4E戦略**にシフトしています。このようなマーケティング戦略におけるブランドの位置付けとして重要なのは「マーケティング戦略の中心にブランドを置くこと」です。**ブランド戦略とは、4P、4Eといったマーケティング活動を通してお客さんの心の中にブランドをつくること**であり、**4P、4Eはブランドをお客さんに伝える手段**なのです。

■マーケティングにおけるブランドの位置付け

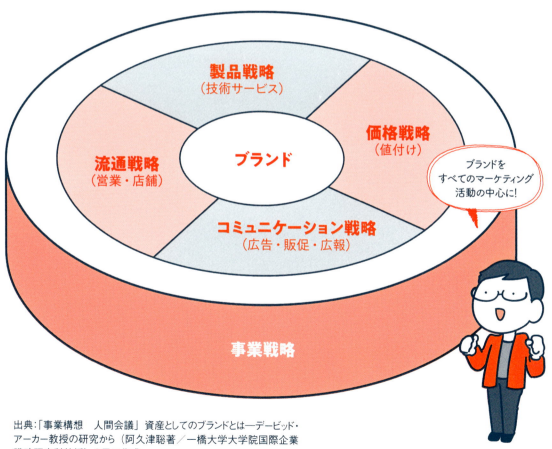

出典：「事業構想　人間会議」資産としてのブランドとは―デービッド・アーカー教授の研究から（阿久津聡著／一橋大学大学院国際企業戦略研究科教授）を元に作成
https://www.projectdesign.jp/201607/ningen/003046.php

KEY WORD → ☑ 全員の強い想い、トップダウン方式、ボトムアップ方式

12 BRAND
ブランド戦略は全員の強い想いが必要

ブランド戦略を実行するには「経営者」「企業の歴史・文化」「従業員」が一丸となって目指す姿実現のために企業活動を行わなくてはいけません。

ブランディングが成功するかどうか、カギとなるのが「ブランドに対する全員の強い想い」です。 これは経営者、いわゆる CEO など会社のトップの想いだけではなく、その企業の従業員の想いも大きな要素という意味。ブランディングを始める際には、「経営者」「従業員」両方の想いを一つにまとめるのが大切です。**トップダウン方式**でブランド戦略を進める際には、会社のトップである経営者が自分たちのブランドをどうしていきたいのかという「想い」を明確にしないと、従業員も本気になれず、ブランディングもなかなかうまく進みません。

ブランド戦略に必要なのは

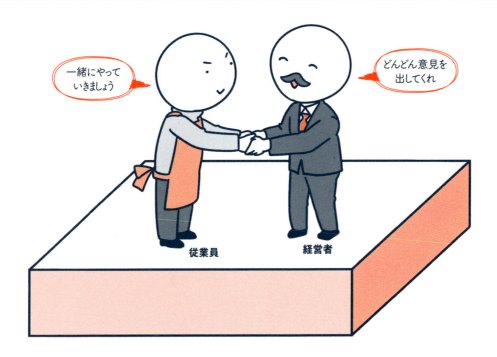

グローバルなリーディングブランドは、トップの人物自らが先頭に立ってブランディングに取り組むことが多くあります。このトップダウン方式でブランディングを進めるときは、経営者が従業員から信頼され、尊敬され、従業員がやる気になっていることも大切な要素。また、**ボトムアップ方式**で進める場合は、**経営者から現場の従業員まで全員がブランドに対する強い想いを共有することが大切です。**トップダウン方式・ボトムアップ方式どちらであっても、社内の経営者と従業員すべての人が「本気」になって進めることが成功するためには不可欠。全従業員が一つとなり、ブランドの目指す姿を実現するために両輪となって企業活動を行うことこそが、ブランディングにとって大事なことなのです。

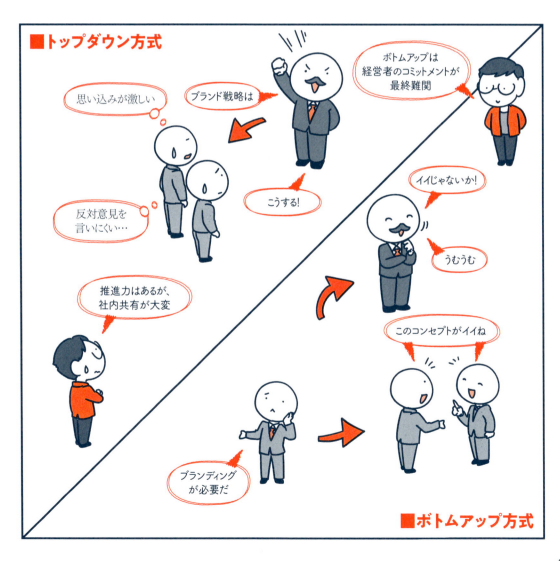

KEY WORD → ☑ セオリー、ベストプラクティス

13 日本企業のブランディングの失敗パターン

十分にその重要性を認識しているはずなのに、うまくいかない日本企業のブランディング活動。失敗してしまうケースを知ることで、成功のための道筋が見えてきます。

日本企業の「ブランディングの結果が出ない」というケースには、共通のポイントがあります。それらの企業は、すでにブランディングの重要性を認識しており、ブランド価値を向上させるための**セオリー**も知っていて、ブランド調査の結果によって見直しに着手しています。さらにPDCAを回す実行力を持っているような優秀な会社が多いのに、結果が出ないというのです。これらの企業のケースで見えてくるのが、日本企業らしいブランディング失敗の理由。**既存のシステムや考え方のなかで解決しようとして抜本的な改善策を実施できていないのが原因**なのです。

うまく行かないのは思い込みのせい？

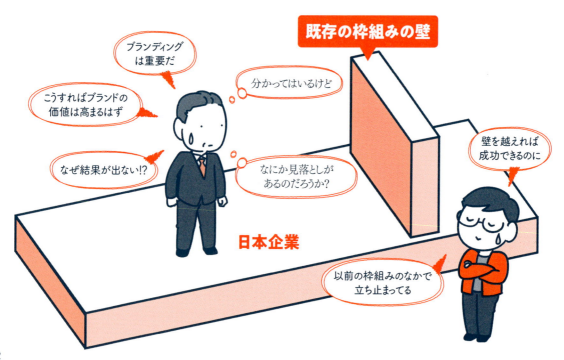

これまでの日本企業の多くは自社のシステム・風土・考え方が整っていて、**その枠組みのなかで改善を行っていれば効率化が進み、結果が出ていました。そのため既存の枠組みを超えた発想が生まれにくいのです**。社外に目を向けたとしても、同業他社の「**ベストプラクティス**（最善の事例）」をマネするくらい。ですが、ブランディングはそれまでの考え方にとらわれずに考え、実行しなくては進みません。日本企業が既存の枠組みの壁を超えられない理由として「カリスマ不在」「技術的優位性の喪失」「戦略不在」などがよく挙げられますが、**これらの理由はやり方によって克服できるものであり、実際にその方法を考え、実践することでブランディングを成功させて結果を出している**日本企業も数多くあります。社員一丸となってブランディングの正しい方法を学び実践していくことで、そういった成功例に続くことができるでしょう。

■課題には解決策がある

KEY WORD → ☑ 尖り、こだわり層

14 ブランディングが しやすいのは中小企業

ブランディングは大企業だけがやるもの？ そんなことはありません。小さな企業には、その強みを活かしたブランディングのやり方があります。

ブランディングは、広告やデザインなどに多くの費用がかかるため、大企業が行うものというイメージがあります。しかし、小さい企業でもそれなりのやり方でブランディングを成功させることができます。その理由の一つが**「小さい会社のほうが、ブランドに『尖り』を出しやすい」、つまりより特徴を出しやすい**ということ。尖った特徴を押し出すと、ターゲット層が絞り込まれ、ターゲット顧客をより具体的にイメージできます。そのため**こだわり層**への訴求がしやすくなるのです。

中小企業のブランディング

一方、大企業は、売上規模を求められるので、あまりブランドが尖りすぎると売れなくなってしまうというジレンマがあります。大企業は、市場が狭まるため「特定のこだわり層」にターゲットを絞り込むことを嫌いますが、**特定層のほうが顧客像も明確で、ブランディングしやすくなります**。また、大手が特定層向けの商品を出そうとしても、関係する人が多いため上層部や関連部署を通過していくうちに、だんだん尖った部分がなくなり、凡庸な商品になっていくというのはよくある話です。また**小さい会社には、大企業と比べて意思決定が速くできるのも強み**です。デジタル時代の目まぐるしく変化する市場で顧客ニーズに応えるには、意思決定の速い会社のほうが「競合が登場する前に商品を世に送り出せる」という大きなメリットがあります。

■ブランディングの中小企業のメリット

column

覚えておきたい ブランディング用語集 01

☑ KEY WORD

商標　　　　　　　　　　　　　　　　P18,136,145,184

自社の取り扱う商品やサービスを他社のものと区別するために使用するマーク（識別標識）のこと。商標はマークと、そのマークを使用する商品・サービスの組合せで一つの権利となっており、商標が特許庁で認められることで10年間、権利が保護される。

☑ KEY WORD

キャッシュフロー　　　　　　　　　　　　　　　P35

お金の流入・流出・収入・支出といった「現金の流れ」のこと。企業の財務活動（製造・販売・サービスの提供など）から得られた収入から外部（ステークホルダー＝原料の購入先、流通業者、販売店など）への支出を引いて手元に残る資金の流れを指す。

☑ KEY WORD

エコノミックプロフィット　　　P36

企業が生み出した経済的な付加価値を示す指標。略して「EP」ともいう。投資尺度や従業員の業績評価指標として用いられることが多い。この値がプラスであれば付加価値を生み出している企業とされ、M&Aにおける適正な価格判断などの指標となる。

☑ KEY WORD

M&A　　　P35

「Mergers and Acquisitions」の略で、日本語では「企業の合併と買収」と訳される。二つ以上の企業が一つになる合併と、他企業を買収する活動の両方を指し、企業の事業拡大や継承、新規事業への参入、資金調達などの手段として用いられる。

☑ KEY WORD

KPI　　　P69,71

「Key Performance Indicator」の頭文字を取ったもので、日本語では「重要業績評価指標」と訳される。売上高などの目標に対し、目標の達成度を評価する指数で、「目標達成へ向けたプロセスの達成度」を評価するための中間目標を示す。

Chapter 2

Branding
mirudake note

ブランディングの全体像をつかむ

「ブランド」という言葉の意味と「ブランディング」がなにをするかを理解したら、具体的にどのようにブランディングを進めていくかを学びましょう。この章では、なにから始め、なにが必要なのかといった大まかな考え方を身に付けます。

KEY WORD → ☑ リーディングブランド

ブランド価値を高める ブランディング活動とは

「ブランド」という言葉は、よく耳にする一方で、あいまいなまま都合よく使われています。ブランディングについて学ぶには、正しい意味合いを知る必要があります。

現在「ブランディング」という言葉は、多くの場合あいまいなまま、それぞれの解釈で使われています。ブランディングには、大きく二つの意味があります。その一つは、**マーケティングの延長線上の「施策」として位置付けられるもの**で、この場合ブランディングとは、広告・宣伝活動を意味し、ロゴ、商品のパッケージ、マスメディアなどを通じてブランドのイメージをお客さんに伝えようというものです。これは、多くの企業が認識しているブランディングの概念ですが、**リーディングブランド**が考えるブランディングとは大きく違っています。

ブランディング活動とは

50

リーディングブランドのブランディングとは、目指すべき姿に近づくための「ブランディング活動」を指します。ブランディング活動とは、理想とする姿と現状とのギャップを把握し、その課題をどうすれば解決できるのかを分析し、考えて実行していくことで、ブランドの価値を高めることを目指すもの。**理想とするのは、ブランドの目指す姿がどのようなものかをお客さんに正しく認知され共感されている**状態ですが、そこに至るためにブランディング活動をしていくことで、ブランドの価値は高まります。この活動は商品の研究・開発や、広告・宣伝などを含むマーケティングだけに留まらず、目指す姿を実現するためのあらゆる部門の人々、そしてお客さんの意識変革までも含むのです。

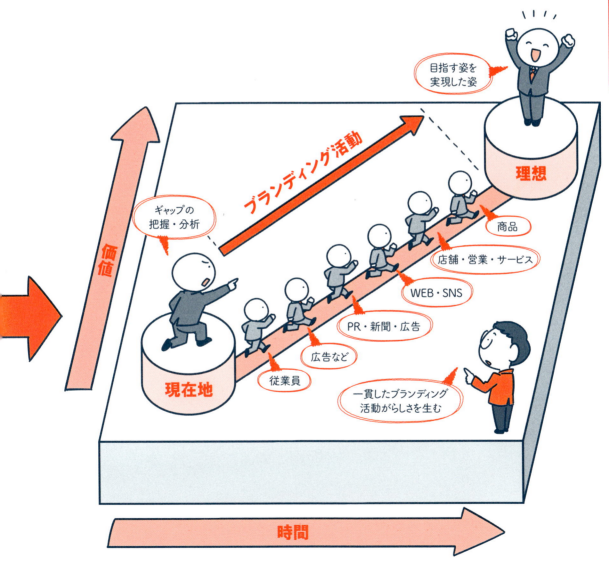

KEY WORD → ☑ ブランドの目指す姿、インサイト

02 BRAND
ブランディングで必要な3つのステップと8つの要素

ブランド価値の強化をするために必要なことが7つの要素です。この要素に注力していくことでブランディングを進めていくことが可能になります。

ブランド価値を最大化するためには、3つのステップが必要であり、そのなかの8つの要素が大切になります。ステップ1は調査・分析で、要素は「自社分析」「顧客分析」「競合分析」。ステップ2はブランド戦略策定で、要素は「**ブランドの目指す姿**の構築」です。そしてステップ3はブランド戦略実行で、「ブランド要素」「インナーブランディング」「アウターブランディング」「効果検証」が必要な要素となります。ブランディングを進める際には、このステップと要素を意識して進めていくことで成功に近づいていくでしょう。

ブランディングの3つのステップと8つの要素

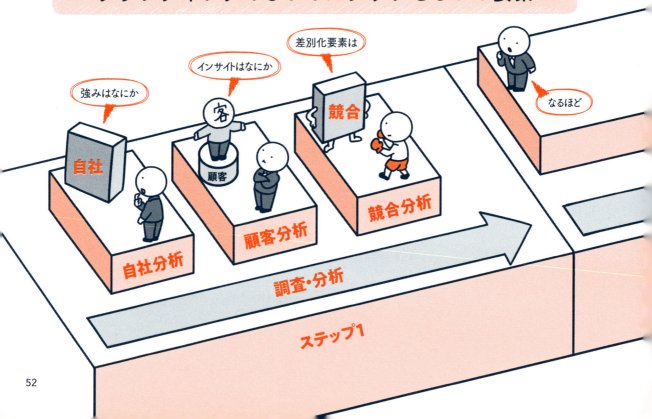

ステップ1では「自社分析」で自社の強みを把握し、「顧客分析」で顧客の**インサイト**(本音)を知り、「競合分析」で他社と差別化できることを見つけ出します。ステップ2の「ブランドの目指す姿の構築」では、ブランドが提供する価値を明確化します。そして、ステップ3では「ブランド要素」としてブランドの「らしさ」を構築し、「ブランドコミュニケーション活動」でブランドらしさを管理します。この管理とは社内・社外へのらしさの浸透を意味しますが、それぞれをインナーブランディング、アウターブランディングと呼び、区別して行っていきます。最後の「効果検証」では**実行したブランド戦略について、それぞれの効果を測定して、より効果が出る方法を考え、実行策を改善し続けることが大事**です。

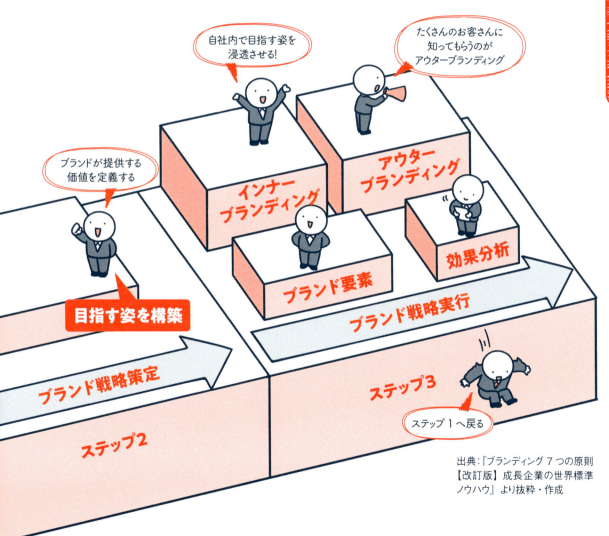

出典:『ブランディング7つの原則【改訂版】成長企業の世界標準ノウハウ』より抜粋・作成

KEY WORD → ☑ ブランド資源、ミッション

03 自社分析を行い 自社ブランドの強みを探る

マーケティング戦略や事業戦略を練るときと同じように、ブランディングも自社分析が最初の一歩。スタートする前に、まず市場での自社ブランドの位置を確認します。

ブランディングを始める際には、マーケティングや事業戦略を練るときと同じで、まず自社自体と自社ブランドの分析を行います。これは理想と現実を正確に把握するために有効で、自社や自社ブランドの強みを探すためにも必須。**競合ではマネできない独自技術や素材といった分かりやすいもの以外にも、長い歴史や業界でのシェアの高さなどもお客さんや取引先にとっての安心材料となり、特徴となり得ます**。さまざまな項目を検討して強みを見つけ出しましょう。また、強みと同時に課題をあぶり出すことも大切です。その課題は競合によるものなのか、自社や自社ブランドが原因な

自社の強みを積み上げて優位に立つ

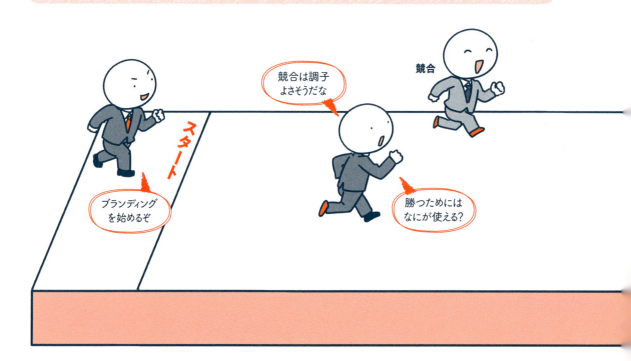

のかなどを正確に把握することが自社分析では必要になります。また、自社ブランドの**ブランド資源**（リソース）はなにか、ビジョンや**ミッション**はなにか、といった項目も策定しておくべきこと。これらが企業理念に基づいたものであることも重要で、企業理念とそぐわないビジョンやミッションを掲げても、実行が難しくなるからです。競合と比較して優れている点が見つかれば、それを強みとしたブランド価値の提供が可能かどうかを精査します。**このとき大切なのは、既存市場だけでなく自社ブランドの強みを求めるニーズがないかを探る広い視野**。同じように既存のタッチポイントだけでなく、新たな消費者との接点を見つけ出すという意識を持つことも必要です。

KEY WORD → ☑ 顧客インサイト、エスノグラフィ、バズ分析、カスタマージャーニー

04 潜在的なニーズを洞察し顧客のインサイトを探る

潜在的なニーズにつながる「顧客インサイト」はブランディングを成功させるカギ。表面的には見えないニーズをとらえることで、高い差別性を持つブランド戦略が可能になります。

ブランディングのステップ1にあたる「顧客分析」は、競合が気付いていない市場ニーズをとらえるために非常に大切な要素です。しかし、多くの顧客は「なぜその商品を購入したのか？」「なぜその店舗を選んだのか？」と問われても、明確に説明できません。どうしてその商品を買ったのか、どうしてその店を選んだのかといった表面的な行動から、顧客の心の奥底にある潜在ニーズを洞察して**顧客の本音である「顧客インサイト」**を探っていくのが顧客分析です。

顧客インサイト

現在のように大量のモノがすぐに買える、という飽和状態の市場で顧客分析を行うには、既存のアンケート調査（定量調査や定性調査）だけでは、顧客インサイトを発見するのは難しく、アンメットニーズにまでたどり着くのは非常に困難です。そこで、調査顧客の行動を細かく観察して仮説を立てる「**エスノグラフィ**」や、SNSやインターネットの口コミを分析する「**バズ分析**」、顧客が商品を知ってから購入し、購入後に利用・活用するまでの行動や思考などを分析する「**カスタマージャーニー**」といった分析方法が取り入れられるようになりました。また最近では、<u>**WEBのコミュニティプラットフォームでのユーザー同士のやり取りや、顧客と社員の対話から顧客インサイトを探るといった方法も有効**</u>とされ、ブランド戦略の一環として多く採用されています。

2 ブランディングの全体像をつかむ

KEY WORD → ☑ ブランドパーソナリティ、ブランドポジショニング

05 BRAND
競合分析を行い競合との差別化を探る

ブランディングにとって最も必要な要素は、ほかとの「差別化」です。ブランドポジショニング、ブランドパーソナリティの設定は、差別化に有効に働きます。

ブランディングを進めるにあたって最も必要になるのは**「差別化」**、つまりライバル会社とどう違うのかを示すことです。競合との違いが顧客に認識されていることはもちろん、その違いに顧客にとっての価値があることが必要です。「○○と言えばこのブランド」というようなイメージが顧客の頭の中にできていればいるほど、ブランド力が強いと言えます。つまり、競合と違いがなければ顧客に選ばれないので、**自社ブランドの持つ強みと顧客が評価するポイントを、顧客に分かるように明確にすることが必要**です。そのために競合分析は必ず行う必要があります。

ブランドポジショニング、ブランドパーソナリティ

■ブランドポジショニングには将来の視点が不可欠

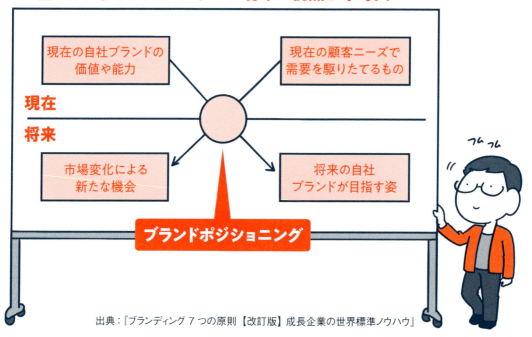

出典:『ブランディング 7 つの原則【改訂版】成長企業の世界標準ノウハウ』

競合分析を行ううえで考えるべきことは、ブランドごとの「個性」であるブランドパーソナリティです。これは人間の人格に当たるもので、ブランドの人格的な「個性」を表すトータル的なイメージ。他社と自社のブランドパーソナリティを比較することで、自社の強みを浮き彫りにすることもできます。これによって市場ニーズに合わせて自社ブランドが**「今だけでなく今後どのような地位を目指していくことが有効なのか」というブランドポジショニングも導き出せます**。もし競合と同じようなブランドパーソナリティやポジショニングであれば、差別化を図らなくては顧客に選ばれることは難しいため、自社の強みを活かした「違い」を打ち出すブランドパーソナリティを策定すること、またはブランドパーソナリティの改善が必要になります。

■ブランドパーソナリティ

ブランドに「個性」を持たせて
ほかと差別化する

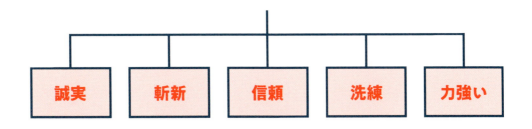

KEY WORD → ☑ ブランドの目指す姿

06 ブランドの目指す確固とした姿を設定する

「ブランドの目指す姿」は、ブランディングを進めるうえで不可欠です。ブランド価値が高い企業は、ブランド独自の明確な中核概念を持っています。

ブランドの目指す姿である「ブランドの中核概念」の設定はブランディングを進めるうえで不可欠です。そのなかには、**自社ブランドならではの価値、ほかのブランドとの違い、顧客と約束すべきこと、従業員の活動の原点となるものなど、ブランドの拠りどころとなるべきものが含まれています**。ブランド価値が高い企業は、そのブランドだけにしかない明確な目指す姿を持っており、トップをはじめとして従業員が目指す姿を理解し、実践に努め、また、そのための教育をしています。

ブランドの拠りどころとなるべき目指す姿とは、企業のコミュニケーション戦略、事業戦略、流通戦略、商品戦略、人事など、すべての企業活動の中核に位置付けられるもの。これにより**ブランドの目指す姿**が明確になり、ブランドの信念というものが策定されます。**耳触りのいい表現や、収まりがいいフレーズをコミュニケーション活動として展開しても、従業員の活動の基準にならなければ、拠りどころとは言えません**。企業理念が整理されていない企業であっても、ブランド戦略を行う際には、全社一丸で行う企業活動の拠りどころにふさわしい、ブランドの目指す姿を設定すべきです。

KEY WORD → ☑ ブランドらしさ、ブランドガイドライン

07 ブランドの目指す姿を表現する仕組みづくり

ブランドの目指す姿を実現するには、そのブランドらしい「言い方」「伝え方」や「見え方」を細部にわたって決める必要があります。

ブランドの目指す姿が決まったら、次はその姿を具体的にどのように表現していくのかを決めなくてはなりません。**設定したブランドの目指す姿が高い差別性を持つものであっても、顧客を含むステークホルダーに伝わらなければ、意味のないものになってしまいます。**顧客は、さまざまな企業との接点（タッチポイント）を通じてブランドを知覚していきます。ブランドを強化するためには、その「**ブランドらしさ**」を端的な言葉で表現し、顧客にブランド体験を提供して顧客の頭のなかにブランドのイメージを蓄積してもらう必要があります。

「ブランドらしさ」は端的な言葉で伝える

■「ブランドらしさ」を端的な言葉で表現できないと…

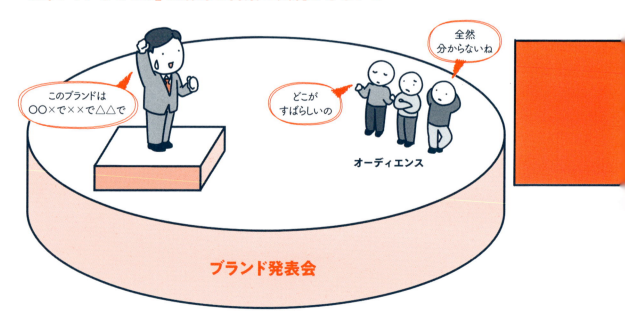

ブランド体験を提供するには、ブランドの目指す姿に従って、**顧客にどう認知されたいかという「言い方・伝え方（バーバルアイデンティティ）」という言語的な表現方法と、「見え方（ビジュアルアイデンティティ）」という視覚的な表現方法を細部にわたって決めていく**必要があります。この言い方・見え方に基づいて、広告、販促物、WEB、展示会、商品パッケージ、営業部員のセールストークはもちろん、従業員の名刺や封筒といったビジネスツールまで、ブランドが表現している世界観を蓄積していきます。そうして初めて、さまざまなタッチポイントを通じて、そのブランド「らしさ」を感じる顧客体験を実現できるのです。この一貫したブランドの顧客体験を実現するには、**ブランドガイドライン**を作成し、社内外のブランド関係者全員で共有すること、ガイドラインに沿ったブランド表現をすることが重要です。

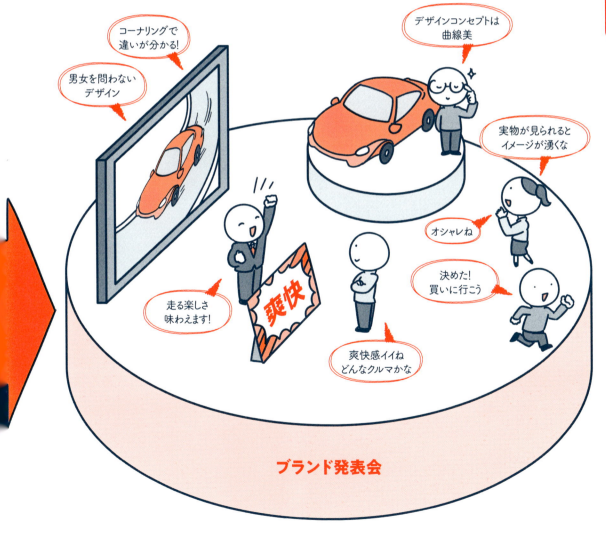

KEY WORD → ☑ 社員教育、インナーブランディング

08 ブランドの目指す姿はまず社内で浸透させる

ブランド価値を高めるには、社内外に対し、ブランドの目指す姿を浸透させることが重要です。必要なのは「一般的なできる社員」ではなく「ブランドにふさわしい社員」です。

ブランド価値の最大化を実現するための近道は、ビジネスのあり方をブランドの目指す姿に合わせて変えていくこと。そのためには重要なのが、社員一人ひとりへの浸透活動であり、ブランドの目指す姿に基づいた**社員教育**です。**重要なのは「一般的なできる社員」ではなく、「ブランドにふさわしい発想をし、その考え方を業務で実践できる社員」を育てる**こと。ブランド価値が高いグローバル企業は、あらゆるビジネス活動において、ブランドの目指す姿に基づいたマネジメントを行っています。

目指す姿に合わせてビジネスを変える

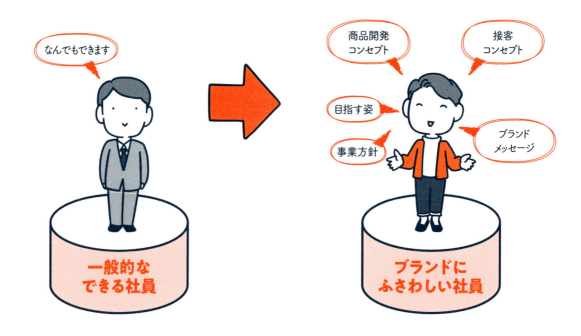

64

トップを含めた社員全員がブランドの目指す姿を深く共有することができていないと、その先のステークホルダーにも正しく伝わりません。例えば原料の供給業者にしても、目指す姿が伝わっていなければ素材の質に対してのこだわりも伝わらず、結果として目標よりも品質の低いものになる可能性もあります。また、お客さんと直に接する店舗の販売員なども、競合との違いを説明することができず、お客さんにブランドの目指す姿を提示することもできないでしょう。**ブランドの目指す姿がしっかりしており、それをすべての関係者が共有していることで、初めてお客さんが信頼できるもの**になります。お客さんの手元にまでブランドの目指す姿を伝えるためにも、社内での共有「**インナーブランディング**」は非常に重要です。

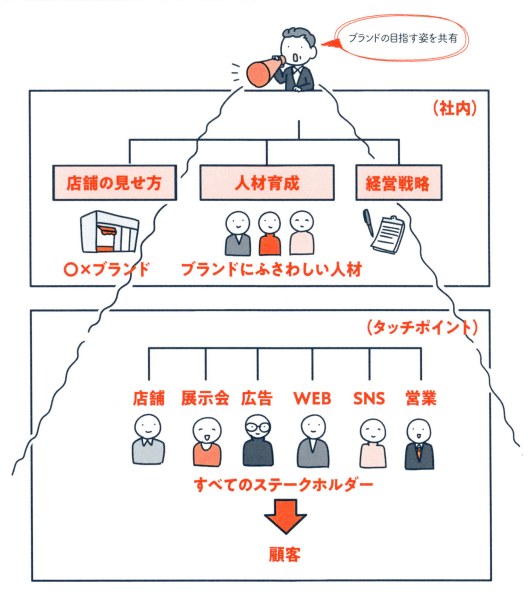

KEY WORD → ☑ アウターブランディング、タッチポイント

09 BRAND
お客さんを含めた社外にブランドの目指す姿を共有

社内を含むステークホルダーへのブランドの目指す姿の共有ができたら、続けてお客さんを含む社外への共有を行うための方策を実施します。

ブランド戦略の実行段階で必要になるのは、ブランドの「らしさ」をしっかりと策定し、それを関係者すべてが共有すること。そして、お客さんはもちろん、中間業者や小売店も含めた、いわば社外への共有です。当たり前のことですが、お客さんに選んでもらうためにはお客さんの手元に届かなくてはいけません。その過程でも自社ブランドを選んでもらうために、自社ブランドの魅力でもある目指す姿を伝えなくてはいけないのです。この社外への共有のことを「**アウターブランディング**」といいますが、その方法は数多くあります。

目指す姿に合わせてビジネスを変える

66

アウターブランディングで最もわかりやすく、歴史があるのがテレビ CM や雑誌などの広告。近年では WEB や SNS でもマーケティング戦略としてアウターブランディングを進める企業も増えています。ここで大切なのが、**広告、WEB、イベント、小売店、WEB、SNS など、すべてのタッチポイントにおいて、言い方・伝え方などの言語的表現と、見え方などのビジュアル的表現が統一されていること**。ブランドらしさの表現がタッチポイントごとに異なっているのは、場面によってコロコロ態度を変える人のようで信頼されません。そのため一貫性のあるブレのない世界観でブランドの目指す姿を表現することで、顧客は初めてそのブランド「らしさ」を感じることができ、頭のなかにブランドのイメージが蓄積されていきます。

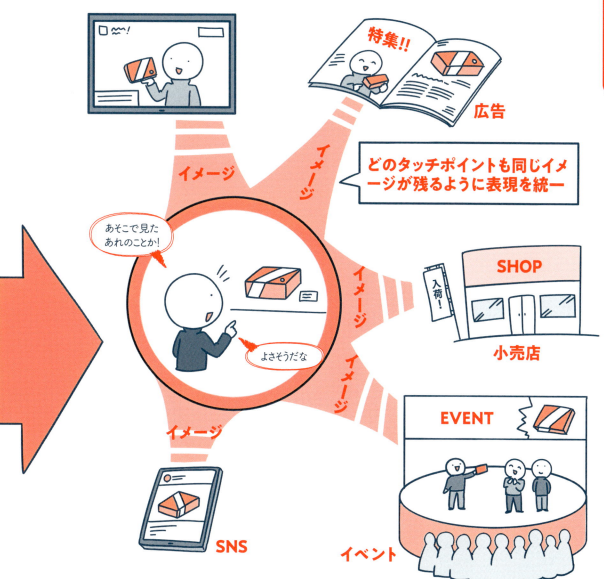

KEY WORD → ☑ KPI、KPIマネジメント、KGI

10 ブランディングは効果測定を しなくては意味がない

ブランディングに終わりはありません。ブラントの価値を高めるためには、絶えずその効果を測定し、フィードバックし、改善するというサイクルが必要です。

ブランドの目指す姿が社内外に浸透しても、それでブランディングが終わりというわけではありません。永続的にブラントの価値を高めるためには、絶えずその効果を測定し、フィードバックし、改善するという、通常の業務改善と同じ PDCA サイクルを回す必要があります。なかでも特に重要なのは、**効果を測定した際の「問題点の抽出」に対し、具体的な「改善策」を提示すること。ブランド力を強化するために指標化して、改善点を認識する**ことで、次にするべきことが明確になります。

ブランディングの PDCA

ブランディングの目的に応じてKPI（重要業績評価指標）の決め方は異なるため、ブランディングの効果測定は、それぞれの会社ごとに変わってきます。しかし、先に挙げた8つの要素のうち「自社分析」「顧客分析」「競合分析」「ブランドの目指す姿の構築」「ブランド要素」「インナーブランディング」「アウターブランディング」の7つの実現度をPDCAが一回転するごとに8つ目の要素「効果測定」でチェックし、その達成度を評価基準とすれば、全社活動としてのブランディングの**KPIマネジメント**を行うこともできます。ブランド価値向上のPDCAサイクルを回し続けるというブランディング活動のためには、**KGI（結果指標）よりも、ブランディング活動やプロセスの進捗度を評価するKPIを重視することが大切**になります。

■ブランディングのPDCA

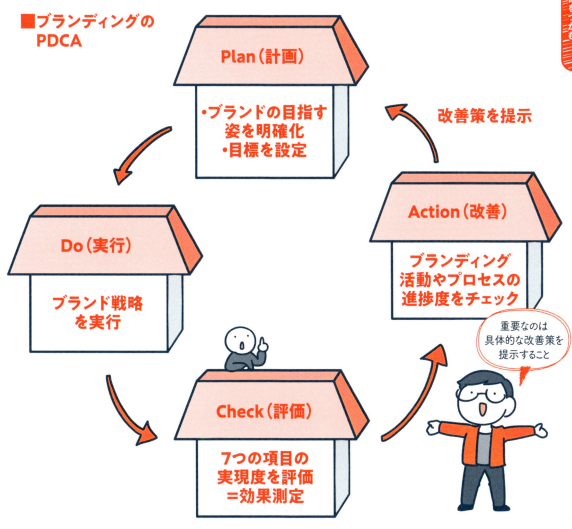

column

覚えておきたい ブランディング用語集 02

☑ KEY WORD

エスノグラフィ　　　　P57

ギリシア語の「ethnos」（民族）と「graphein」（記述）を併せた造語「ethnography」で「観察調査」と訳される。商品の使われ方などについて、ユーザーの行動観察をし、得られた知見から仮説を立てたり、潜在的なニーズを発掘する手法。

☑ KEY WORD

バズ分析　　　　P57

語源は英語のbuzz（騒音）から来た造語で、短期間で多くの人の注目を集め、SNSなどで爆発的に拡散されていくことを「バズる」と表現し、このようなSNS・インターネット上の口コミを分析することを指す。SNS時代の新たなマーケティング手法。

☑ **KEY WORD**

カスタマージャーニー P57,90-91,170

サービスや商品の典型的ユーザー像の行動や感情などを時系列に沿ってまとめ、見える化したもの。商品を知った時点から購入までの行動、購入後の行動まで、一連の顧客のアクションを細分化して、顧客への購買の動機付け・手法などを検討するために利用する。

☑ **KEY WORD**

PDCA サイクル P68-69,201

Plan（計画）、Do（実行）、Check（評価）、Action（改善）の頭文字を取った、生産効率を改善するためのフレームワーク。PからAまで一巡したのちに再びPへと戻り、各項目のレベルを上げていくことで継続的に改善できるとされる。

☑ **KEY WORD**

KGI P69

Key Goal Indicator の頭文字を取ったもので、「重要目標達成指標」と訳される。KPIが中間目標であるのに対して、KGIは最終目標に当たり、最終目標の達成度を示すものとなる。そのため、売上高や利益率などが使用されることが多い。

Chapter 3

Branding
mirudake note

現状と顧客を分析し、差別化する

ブランディングで必要になることが分かったら、どうやって進めていくのかを学んでいきましょう。自社のブランドが行うべきことや考えなくてはいけないことを整理して、どのターゲットに向けてなにを伝えるかを決めていきましょう。

KEY WORD → ☑ **顧客との関係性**

ブランド戦略が必要な理由とは

近年はマーケティングだけでなくブランディングの重要性が挙げられるようになりました。ではなぜ必要なのか。その理由を学んでいきましょう。

ブランド戦略では、ブランドへの信頼感を高め、顧客にファンになってもらい、継続して購入してもらうことを目指します。これが、商品ごとに「いかに知ってもらい、買ってもらうか」という従来のマーケティング戦略だけでは手が届かない点。具体的には、一貫したブランドの訴求により、商品単位では得られない「**顧客との関係性**」を得られるという部分です。例えすばらしい商品を開発した会社があったとしても、まったくの無名ではなかなかお客さんの信用を得られず、「いつもの商品」を選ぶお客さんが多いということもあります。

ブランディングは競争力の底上げになる

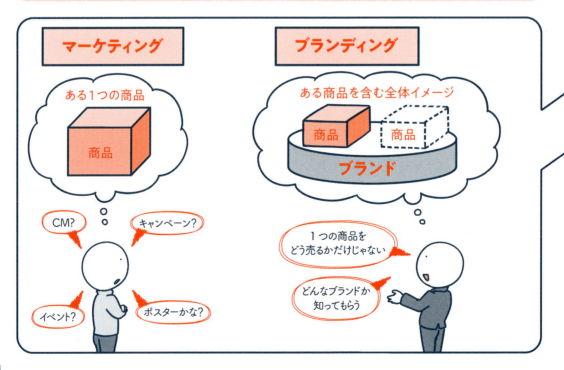

これは、ブランド戦略により「いつも、それなりにいい商品」を提供するとお客さんに認知されていれば、**新規参入のブランドが同じような商品を市場に投入してきても、一定数のお客さんに購入してもらえる優位性を保てる**ことを指します。同品質であれば、さらに顕著に表れるでしょう。これは裏を返せば、以前の商品で得られた信頼が新しい商品の信頼性を増してくれて、実際の価値以上の評価を得られるという意味。新規市場への参入が難しいと言われるのは、この既存ブランドの持つ信頼という優位性の壁が高いからです。このような信頼を醸成するために必要なのが、継続的な関係性を保つブランディングなのです。新商品が当たって一時的にシェアを取れたとしても、継続性がなく顧客の信頼を失えば、一瞬でシェアを失ってしまうでしょう。

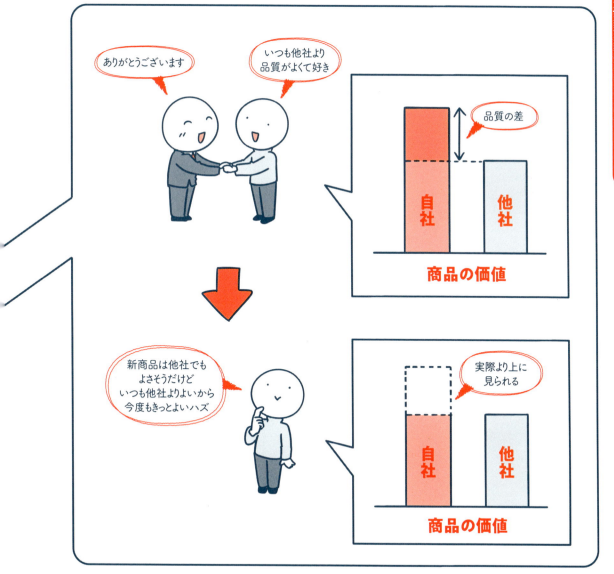

KEY WORD → ✓ 3C分析、ブランド資源

02 ブランドの現状を把握する3C分析を行う

「なぜブランディングがうまくいかないのか」。その原因を探るには、「自社」「顧客」「競合」の3つの視点から行われる「3C分析」が有効です。

自社のブランディングがうまくいっていないときや、ブランディング自体をやってこなかった場合、まず**大切なのは「どういう現状なのか」という現実を見極めること**。この現状分析を行うには、「自社（Company）」「顧客（Customer））」「競合（Competitor）」の3つの頭文字を取った「**3C分析**」が最適です。自社以外の視点から見るのは現状が、「理想の状態」だという思い込みから離れ、顧客の評価や望みを見つけ出すためです。

ブランドの3C分析

76

自社の分析では、自社ブランドの強み、課題点を明確にします。**ブランド資源**（リソース）はなにか、ビジョン、ミッションはなにか、企業理念に基づいているかどうかを分析します。「競合と比較して優れている点はどこか」という自社の強みを探すことが大切です。顧客の分析では、顧客のインサイトを明確にし、ターゲットとなる顧客は誰か、なにを求めているかを明確にすることがポイント。競合の分析では、競合相手のブランドの強みや課題点、自社が競合と差別化できるところを探し出します。この **3C分析は、「どうすればブランディングを推進し、競合に勝てるのか」という戦略立案のために必ず行うべきこと**といえます。

■ブランディングの3つの分析

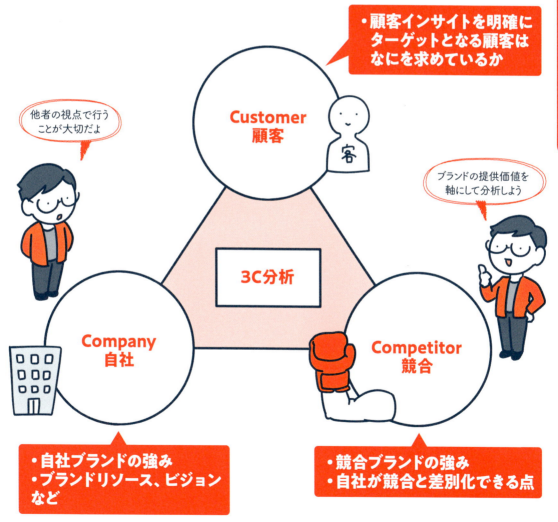

KEY WORD → ☑ レッドオーシャン、認知→理解→好意→愛着

03 BRAND 自社の強みを価格以外で見つけ出す

ブランディングを進めるには、まず自社ブランドの「強み」を知ることが大切です。まず、どれだけの人に自社ブランドが認知されているかを正確に把握しましょう。

ブランディングを成功させるためにやるべきことは、まず「自社の強み」の分析。3C分析を押し進め、どんなブランドにも必ずある「強み」を見つけ出すのは前述のとおりです。自分たちにはあまりないように思えても、気付いていないだけで**顧客の視点に立てば見えてくるのが、「顧客が自社ブランドを選ぶ理由」です**。顧客が自社を選ぶ理由が「価格」であれば、同品質でより安い競合が現れると値下げ競争が始まり、市場は激しい競争状態、「血で血を洗うような真っ赤な海（**レッドオーシャン**）」になり、会社が疲弊していくことが容易に推測できます。

価格以外の自社ブランドの強み

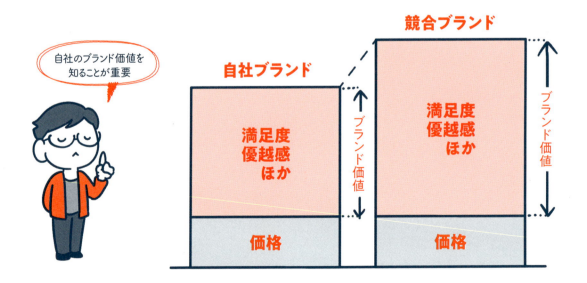

強いブランドは他社に対して優位性を持つ「強み」がはっきりとしています。同じように**強いブランドになるためには、客観的な事実や特徴から「価格」以外の自社の強みを見つけることが重要**です。例えば、その一つが安心感。「よく知っているものを好み、信頼する」という人の心理に訴えかけるものです。ブランドがこの評価を得るには、**認知→理解→好意→愛着**というステップが必要で、最初に「認知」されなくてはいけません。そのため新規参入する市場では、「自社ブランドがどれだけの人に知られているか」を正確に知り、認知度を上げるための「強み」を押し出す必要があるでしょう。<u>**認知され、購入して使用してもらって初めて、その先の理解・好意・愛着へと進むことができる**</u>からです。

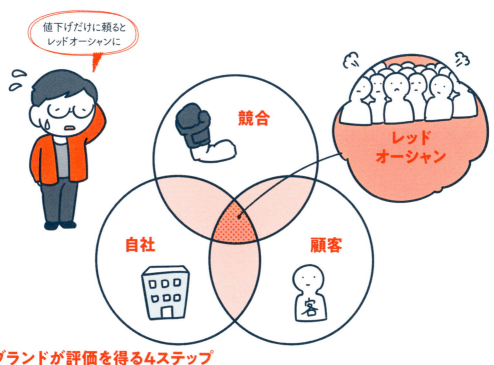

■ブランドが評価を得る4ステップ

認知　　理解　　好意　　愛着

KEY WORD ➡ ☑ ジョハリの窓、盲点の窓

04 BRAND
自社の意見だけだと本当の強みに気が付けない

自社が持っている強み、弱みにはなかなか気付けません。「ジョハリの窓」と呼ばれる手法のなかの「盲点の窓」に気付くには、さまざまな方法があります。

自社が持っている強み、弱みにはなかなか気付けないのは、よくあること。そこで有効なのが「**ジョハリの窓**」と呼ばれる手法を利用することです。自分が見た自分と相手から見た自分を開放の窓（①）、**盲点の窓**（②）、秘密の窓（③）、未知の窓（④）の4つに分けて、自分を理解するというフレームワークです。ここで特に注目すべきなのが盲点の窓。「自社のよいところを自分たちが一番分かっていない」と言うように、<u>自社では「当たり前」と思っていたことが、見方を変えると、実は最大の強みだったということもある</u>からです。

ジョハリの窓

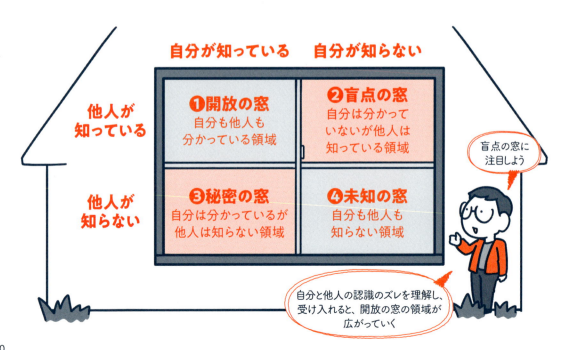

自社ブランドの「盲点の窓」をなるべく費用をかけずに見つけるには、次のような方法があります。①実際のお客さんに直接、インタビューやアンケートなどで自社ブランドについて聞く。②ネット上の口コミやSNS、評価コメントが書かれたサイトを参考にする。③自分自身がお客さんになりきって自社の強み、弱みを考える。④新入社員や競合他社から転職してきた社員など、社内の文化に染まっていない社員に「他社の視線」で評価してもらう。⑤営業担当や店舗など、直接お客さんと接することの多い従業員から意見を聞く。⑥従業員の家族・友人に聞く。このように、大切なのは「思い込み」のない意見を集めること。<u>社内の多数意見より、社外の視点を持つ人の言葉のほうが的を射た意見だったりします。</u>

■費用をかけずに自社の強みに気付くには

KEY WORD → ☑ コアターゲット、価値観・世界観、心理学的側面

05 ターゲット属性は2方向から考える

多くの人を狙ったブランドは、結局、特徴のないものになってしまいます。ターゲットを絞るには、二つの方向からお客さんを分析し、設定することが重要です。

ブランドのターゲットを絞っていく際に、年代も嗜好も幅広くカバーするために「多くの人」を対象にすると、ブランドの特徴が見えなくなってしまいます。対象を増やすつもりで多くの人を相手にすると、平凡なブランドになりターゲットに届かなくなり逆効果です。それよりも、**より具体的に理想のお客さんをイメージしたほうが、顧客像がはっきりしてきます**。そのような理想のお客さん像を「ブランドのターゲット（**コアターゲット**）」といいます。これはブランド側が「こんなことに利用してほしい」と考える象徴的な人物像。それは同時に、ブランドの**価値観・世界観**に共感で

ターゲット特性のとらえ方

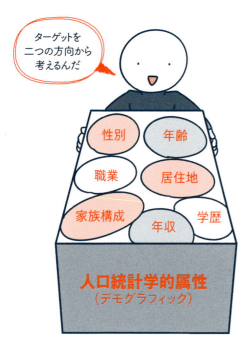

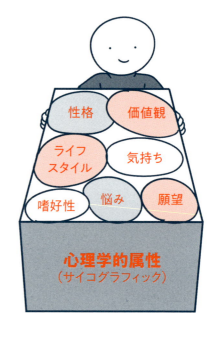

きる人ということになるのです。ブランドのターゲットを考えるときは、「このブランドのよさを分かってくれるのはどんな人か」を明確にする必要があります。しかし、現代はライフスタイルや価値観が多様化していてターゲットを絞ることが難しい時代。そこで検討する方法として挙げられるのが、ターゲットを**人口統計学的な側面と、ライフスタイルや価値観といった心理学的側面の二つの方向からとらえる**方法です。年代で仕分ける従来型の方法だけでなく、お客さんの頭の中でつくられるブランドのイメージのために「好き嫌い」「楽しさ」「憧れ」など、ライフスタイルや価値観などの**心理学的側面**を検討するのがポイントです。ターゲットの心理まで読んで設定することが、お客さんに選ばれるブランドになるために必要なのです。

■ターゲット検討の例

■**人口統計学的属性**
（デモグラフィック）

年齢	32歳
性別	女
職業	パート
家族構成	4人家族
	夫●歳
	会社員
	長女●歳
	長男●歳
居住地	東京都○○区
学歴	大卒

■**心理学的属性**
（サイコグラフィック）

ライフスタイル	賃貸マンション 夫と二人暮らし
願望	マイホームを持つこと
価値観	節約好き
性格	明るい 家庭的

客観的な事業をデータで表すモノ

感覚的な項目や性向を表すモノ

KEY WORD → ☑ 戦略的ターゲット

ターゲットを絞ったほうがいいワケ

ブランドのターゲットを絞ったとしても、お客さんが減るとは限らず、増える可能性があります。ブランドを成功に導くには、柔軟なターゲットの絞り具合が重要です。

ターゲットを絞ると「対象とする総人数」が減るので、売上げが下がってしまうのではないか、という疑念が浮かびます。しかし、例えば「静かにコーヒーを飲みたい人」をターゲットにした場合、騒がしい学生や家族連れが来なくなる反面、うるさい空間がイヤだと思っていた人のニーズを喚起し、売上げが増える可能性もあります。このように、ターゲットを絞っても売上げが必ずしも下がるということはありません。**ターゲットを絞ることでより魅力的になれば、ブランドを理解し、気に入ってくれるお客さんがリピーターになってくれることがある**のです。

ブランドのターゲットとは

84

とはいえ、ブランドが評価されるとは、お客さんが買ってくれるということ。ブランドは、売れてこそ成功です。そこでポイントとなるのが**「ブランドターゲット」に加えて、売上げを確保していくためのターゲット（戦略的ターゲット）」を見定めること**です。この戦略的ターゲットとは「売上げの最大限確保を可能にする顧客層」のことであり、ターゲットを考えるうえでは「戦略的ターゲット」と「ブランドのイメージする象徴的なターゲット（ブランドのターゲット）」を分けて考えることが大事です。ブランドのターゲットは絞りすぎると戦略的ターゲットの数を減らしてビジネスとして成り立たなくなることもあるので、ターゲット設定は「ゆるめながら尖らせ、そして絞る」といった絶妙なバランス感覚が必要になります。

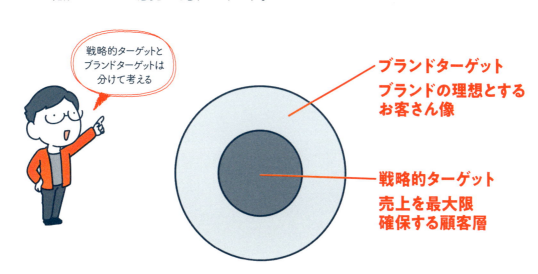

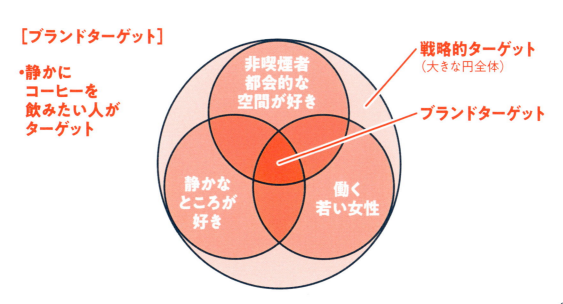

KEY WORD → ☑ ペルソナ、デモグラフィック、サイコグラフィック

07 ターゲットを具体的な顧客像にまで落とし込む

BRAND

1人のお客さんを喜ばすことができずに、より多くのお客さんを喜ばすことはできません。そこでブランドのターゲットとなる具体的な1人「ペルソナ」を設定します。

ブランドの究極は「具体的な1人を喜ばすことができるかどうか」にかかっていると言っても過言ではありません。1人のお客さんを喜ばすことができずに、より多くのお客さんを喜ばすことはできないからです。そこで**ブランドのターゲットとなる具体的な1人として「ペルソナ」を設定します**。ペルソナとはターゲットの象徴的な顧客像のことで、ブランドのターゲットとは、設定の深さが違います。具体的には、ブランドのターゲットから代表的な1人を抽出し、年齢やライフスタイルなど、より象徴的な部分をピックアップしてつくり上げていきます。

ペルソナを認定する

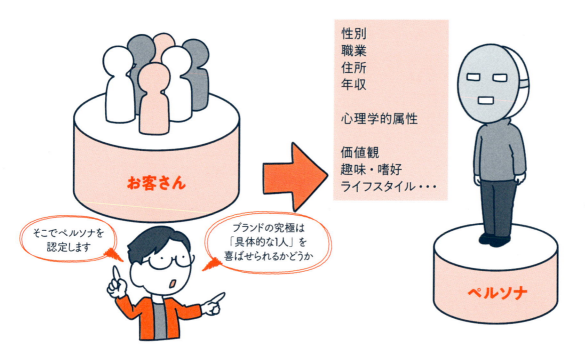

ペルソナを設定すると、ターゲットの視点でブランドを見ることができるという利点があります。**また社内の別々の部署でブランドについて語るときでも、ペルソナがあると意思統一を図ることができます。**ペルソナは実在していない人物ですが、性別、年齢、居住地、職業、年収などの人口統計学的属性（**デモグラフィック**）から、価値観、趣味、嗜好、ライフスタイルなどの心理的属性（**サイコグラフィック**）まで設定します。ペルソナはできるだけ本当にいそうな設定にすることでリアル感が生まれ、ブランドに携わる人がそのペルソナに共感したり、その人を喜ばせたいと思う気持ちを生み出します。お客さんがそのブランドを選ぶ背景やストーリーを社内で共有することは、ブランディングを行ううえで基盤となるものです。

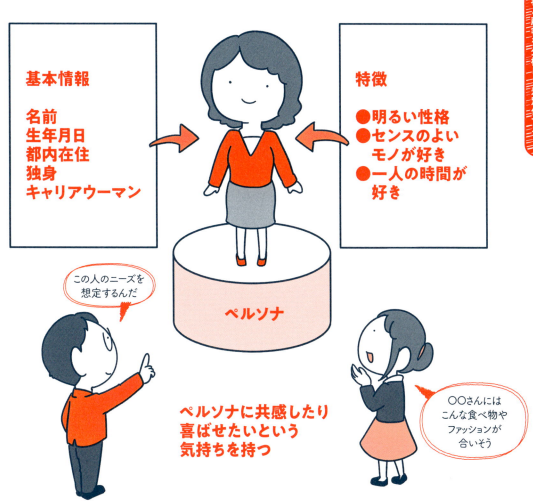

KEY WORD → ☑ インサイト、隠れた真実

08 BRAND
顧客の本音 "インサイト" をつかむ

「なぜその商品を選んだのか」は本人でさえ意識していない本音「インサイト」が関わっています。競合に勝てる商品を開発するには、インサイトの把握が不可欠です。

ターゲットとなるお客さんの特定ができたら、**次はお客さんの心の奥にある「本音」を探っていきます**。例えば、お客さんが「なんとなく」いつもとは違う商品を購入したことを想像しましょう。いつもより安かったのかもしれないし、キャンペーンで特典が付いていたのかもしれません。「なんとなく」で決め手となったのは、特に意識していない本音です。それは本人も気付いていない無意識領域での決定ですが、**人はさまざまなことを無意識のうちに判断**しており、意識的に行動している割合は5%くらいにすぎないと言われています。

顧客インサイトを探る

88

このように**意識していなくても人間の心の奥底にある「本音」をマーケティング用語で「インサイト」と言い、「購買意欲を後押しするボタン」とも呼ばれます**。商品選択をするときに購買者が行っている無意識の洞察や深い理解のことですが、表面上の行動からインサイトを見つけるのは至難の業。「なぜその商品を購入したのか」につながる「なぜ」を何度も繰り返すことで、やっとお客さんの心理の中心にたどり着くことができます。時には本人すら気付かない言わば「**隠れた真実**」です。このインサイトが重要なのは、競合も把握している顕在的ニーズを元に商品を開発しても、差別化が難しいからです。ほかがやっていないことを先取りするためにはお客さんのインサイトを把握することが必要なのです。

■インサイトとは

KEY WORD ➡ ☑ 行動観察、カスタマージャーニー、仮説

インサイトは顧客の行動から読み取る

お客さんのインサイトを探るには、対象となるお客さんの行動を「購買前」「購買時」「購買後」に分けて分析する「カスタマージャーニー」という方法があります。

顧客の本音であるインサイトを探るには、どうすればいいのでしょうか？ 消費者アンケートやお客さんの生の声を聞いたりするだけでは、お客さんの本音を知ることはなかなかできません。なぜその商品やサービスを選んだのか、**お客さんの行動をよく観察し、深掘りすることで初めて見つけ出すことができる**のです。精度が高い結果を求めるなら調査会社に依頼するという方法もありますが、**コストをかけずにすぐに行うことができる行動観察を元にした、いくつかのインサイトの探り方があります**。

インサイトを読み取るための方法

❶**購買前後の行動を細かく分けて予想**する。これは「**カスタマージャーニー**」と呼ばれる手法で、ある商品について対象となるお客さんの行動を「購買前」「購買時」「購買後」に分けて予測していくもの。「購買前」なら「○○に紹介され」「WEBを見て」のように分けます。その後、それぞれの購買前後の行動について詳細に予測していきます。❷**購買前後の行動や日々の暮らしを観察する**。対象となるお客さんが購買前後でどのような行動を取るのか、実際に観察した事実から**仮説**を組み立てる方法です。❸**インサイト探しのワークショップを行う**。事実となる要素がそろったところで、ブランディング担当者で集まり、それぞれが集めた「なぜそうしたのか」に対する「こうではないか」という仮説を立て、インサイトを探っていく手法です。

■インサイトの探り方

KEY WORD → ☑ ブランドストーリー、製品に関する自我関与度、価格の許容度

10 BRAND
顧客を属性ごとに分類する 4つの軸

それまでとらえられなかった潜在的なニーズを探るには、顧客を分類するセグメンテーションを行い、売上げの中心となる顧客を掘り起こすことが重要です。

潜在的なニーズを掘り起こし、お客さんから選ばれるブランドになるためには、**お客さんの好みに合わせた価値や共感できるブランドストーリー**（ブランドと顧客をつなぐ情緒的な関係性）を提示しなくて**はいけません**。そのために必要となる、不特定多数のお客さんを分類して属性ごとに区分する「セグメンテーション」を行うときには、次の4つの軸が重要になります。①**製品に関する自我関与度**、②**製品に対する判断力**、③**価格の許容度**、④**製品に対するスタイル・価値観**の4つで、お客さんの根本的な考え方や態度を探るものです。

4つのセグメンテーション軸

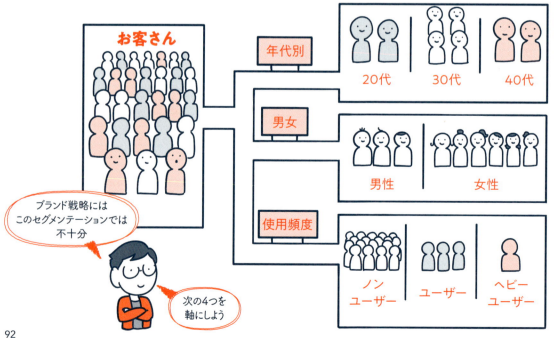

「製品に関する自我関与度」とは、商品に対するそれぞれのお客さんの関心の強さ。個人の嗜好に合うかどうかです。**この関与度が高い商品に対しては、お客さんは付加価値を感じて対価を払います。**「製品に対する判断力」は、お客さんがどれだけ商品に対して知識があり、自分で製品の選択ができるかです。情報を集めていても、最終的には既存のブランドが選ばれる傾向があります。「価格の許容度」は、**その商品に対してどのくらい代金を払えるかという消費者の気持ちです。**「製品に対するスタイル・価値観」は、製品とお客さんのスタイルや価値観が違えば、ブランドが選択されることがなくなります。この4つの軸で製品がマッチするターゲットを見つけましょう。

■顧客ターゲティングの際に重要になる4つの軸

出典：『ブランディング 7つの原則【改訂版】成長企業の世界標準ノウハウ』

KEY WORD → ☑ ブランドポジショニング、リーダー、チャレンジャー、ニッチャー、フォロワー

11 自社ブランドの位置を知り戦略を立てる

BRAND

自社のブランドがカテゴリーのなかのどの位置にいるかは、ブランド戦略を立てるうえで非常に重要。「コトラーの競争地位戦略」は、その分析を行うことに適しています。

ブランドの戦略的位置付けを行うためには、競合を見て判断する必要があります。その際に必要となるのが、**自社の商品やサービスを競合と比較したとき「どの位置にいるのか」「どれくらい規模が違い、どのように戦うのが最適なのか」などを明確にする**こと。これを「**ブランドポジショニング**」といいます。この分析にはフィリップ・コトラーの「コトラーの競争地位戦略」が有効です。企業の競争上の地位を「**リーダー**」「**チャレンジャー**」「**ニッチャー**」「**フォロワー**」の4つに分類し、それぞれが選ぶべき戦略を考えていくというワークフローです。

ブランドの戦略的位置付け

業界内での自社ブランドの立ち位置

「リーダー」は、そのカテゴリー内における市場シェアトップのブランドです。リーダーブランドの基本戦略は「自社ブランドのシェアの維持や拡大」です。**「チャレンジャー」は、リーダーブランドに挑む、カテゴリー二、三番手**のブランドです。リーダーブランドとの差別化を図り、リーダーブランドが強化できない分野で競争力を高めてリーダーのポジションを狙います。**「ニッチャー」は、市場は小さいながらも特定のジャンルに絞り込んで、特定の顧客を相手に成功している**ブランドです。専門性を発揮し、フォロワーブランドの追随を許さないのが基本戦略です。**「フォロワー」はリーダーブランドのマネをしているブランド**で、ニッチャーブランドへの転身を目指すのが基本戦略。自社の位置が明らかになれば基本戦略が決まります。

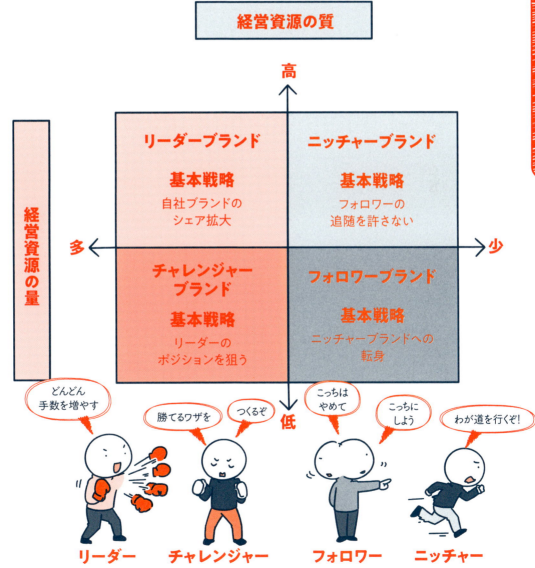

KEY WORD → ☑ レッドオーシャン、ブルーオーシャン

12 差別化戦略はお客さんに届いてこそ意味がある

BRAND

どこにも邪魔されない領域「ブルーオーシャン」を探し出すのがブランド戦略での勝利のカギ。そのために必要なのが競合との「明確な差別化」です。

自社のブランドの立ち位置によって基本戦略が変わるのは前述のとおりですが、**どの立ち位置でも「差別化」は重要なファクター**です。リーダーは、その「違い」を出してチャレンジャーを突き放し、その地位を強固なものにすることを目指します。一方、チャレンジャーはリーダーにない魅力（違い）を顧客に示してトップの座を奪取することを目指します。ニッチャーは、特定の顧客から支持を集める商品を扱うという差別化で、その分野を独占することを目指します。フォロワーはニッチャーブランドに転身して、新分野でのリーダーを目指します。

お客さんから見て価値があるか

注意すべきは、「自社の強みを活かした顧客インサイトに基づくニーズ」に応えたとしても、**競合がマネできる内容であれば、じきに競合が参入して低価格化競争が始まり、レッドオーシャンになってしまう**こと。どこにも邪魔されない領域（**ブルーオーシャン**）をほぼ独占するためには、競合が少なく、しかも自社商品に価値を感じてもらえる「違い」の創出が必要です。ここで気を付けなければいけないのは、**差別化とはあくまで「お客さんから見て」価値がある違いであること**。お客さんが認識していなければ、価値は生まれません。また、ターゲットと商品がマッチしていなければ、違いが明らかになっていても必要とされないので、違いが分かりやすく、かつターゲットが求めるものを打ち出していくのが大切です。

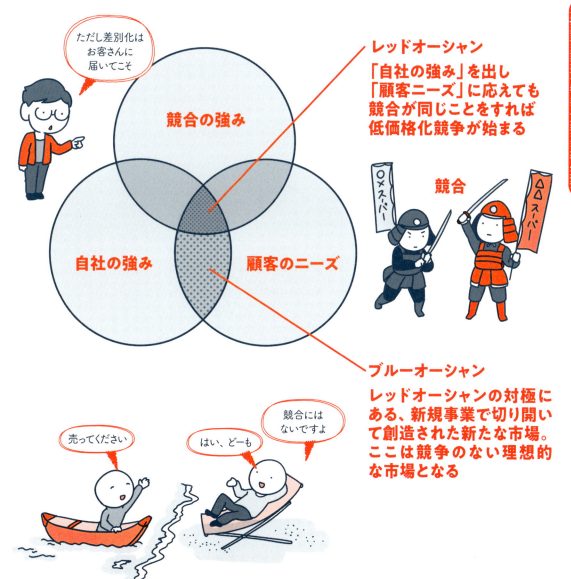

KEY WORD ➡ ☑ ブランド占有率、マインドシェア

13 BRAND ブランドは一番になることが大事

ブランドは、一番にお客さんの頭に浮かぶかどうかで違いが出ます。二番目以降は印象が薄くなるうえ、「一番だからいい商品なのだろう」という心理が働くからです。

人がものごとを覚えていられる容量は限られていて、誰もが余計なことを覚えようとはしません。そんななかに自社のブランドを入れようとするなら、なんとしても「一番」を目指さなくてはいけません。**一番以外は、なかなか覚えてもらえないからです**。多くの分野のブランド認知率の調査でも、二位以下の認知率はどんどん下がり、フォロワーブランドになると10%を切るほど落ち込みます。お客さんの頭の中の**ブランド占有率**（**マインドシェア**）を高めるには、一位を取ることが非常に重要になってくるのです。

トップブランドの効用

「日本ビールメーカーと言えば」の質問

アサヒビール　キリンビール　サントリー　サッポロ

ブランドのNo1を思い浮かべる
フォロワーブランドは10%以下（2015年調査）

お客さんに一位の商品が選ばれるのは、「金額の大小に関わらず、買い物に失敗したくない」という心理から。**世の中でよく知られていて多くの人が買っている商品は、それだけで安心できるため、購買動機の大きな要因となる**のです。一位になるといってもすべての商品のなかでトップになる必要はありません。「自動車と言えばトヨタ」というように、業界全体ではなく、**差別化されたある特定の分野や領域で一位になればよい**のです。さらに、「エンジンと言えば○○」「軽自動車と言えば△△」など、その業界の細分化を進めていくことで、自社ブランドが一位を目指せる分野が見えてきます。そしてその分野でトップを目指すためには、顧客となる相手に自社の強み、つまり他社よりも優れている点を示すことが大事になります。

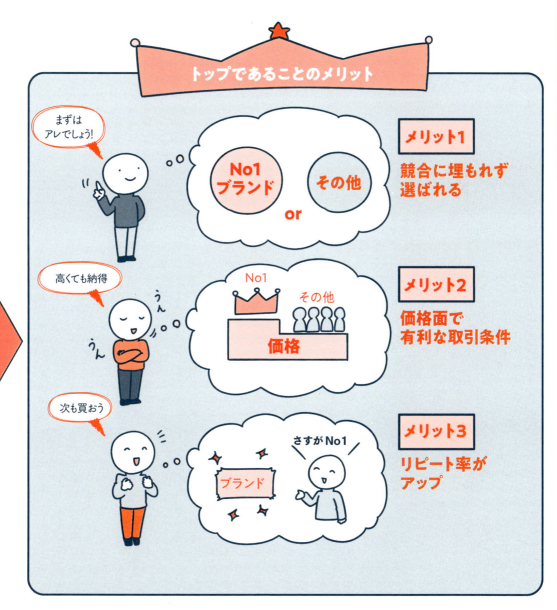

KEY WORD → ☑ ポジショニング、プライベートブランド、PB、知覚品質

14 商品のいいイメージを お客さんに抱かせる

BRAND

ブランドにとって大切なのは、お客さんに差別化された自社商品を認識してもらうこと。お客さんの頭の中のイメージを操作して、ポジショニングを変えることです。

自社ブランドに競合とは違ったよさがあったとしても、お客さんの頭のなかで理解されていなければ意味がありません。**いかに自社ブランドの価値やイメージを、お客さんの頭のなかに位置付けていくかが重要**になってきます。これを「**ポジショニング**」と言います。しかし、人はなかなか多くの情報のなかから新しいブランドについての知識を覚えようとしてくれません。そのため、ポジショニングでは、お客さんの頭の中にそれまでなかった知識を覚えてもらうのではなく、**「すでにあるイメージを操作して、それを商品に結び付けること」がポイントになります**。そこで参考になるのが、西

ブランドのポジショニング

■会社が伝えたい姿が正しく伝わるとは限らない

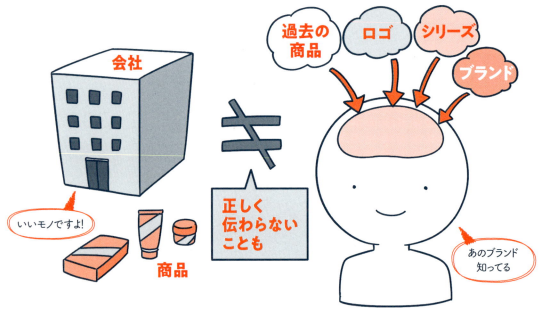

友のリブランディング事例です。かつてコンビニやスーパーの**プライベートブランド（PB）**の商品は、低価格でも品質が低く、「安かろう悪かろう」と言われました。その後PB商品の品質はメーカー品と遜色ないほど向上したのですが、一度お客さんの頭のなかに刷り込まれたイメージを覆すのは簡単ではなく苦戦していました。そんななか、西友は自社のPB「みなさまのお墨付き」シリーズ発売に当たり、「全商品消費者テストでお客さんの70％（2019年10月以降は80％）が支持した商品」を発売しました。7割以上のユーザーが支持するほどのPBの品質のよさを伝えることで、「気軽に使えて品質がよい」という意識に変えて大人気に。このように、**実際の品質だけでなく、お客さんが「品質がよい」と頭の中で認識してくれること（知覚品質）**が大切なのです。

■ブランディングでイメージ変化した例（西友）

KEY WORD → ☑ ポジショニングマップ、機能的特性、情緒的特性

15 他社との違いを視覚的に表す

BRAND

自社の強みを活かし、競合との差別化を分かりやすく表すには「ポジショニングマップ」というツールを使って視覚化します。

競合との差別化を分かりやすく表す「ポジショニングマップ」というツールがあります。これは表を縦と横の二軸に分け、競争市場で自社ブランドを他社がいない領域に置き、競合を追いやった状態にして、差別優位性があることを視覚的に表現したもの。このポジショニングマップは「お客さんが重視する自社の強みはどこか」ということを視覚的に表したものであり、実際には存在する**競合を「その領域からどうやって追い出すか」を考察するときに有効**で、自社の立ち位置がリーダー・チャレンジャー・ニッチャーのどれに当たるかにより戦略を考えます。

ポジショニングマップのつくり方

- **自社の強みを活かし、お客さんの重視するポイントを視覚的に見せる**

102

この**ポジショニングマップの利点は、社内に分かりやすくブランド戦略を伝えることができるという点**です。ポジショニングマップをつくる際には、その商品を購入するターゲットが求めていることを想定して「**機能的特性**」「**情緒的特性**」という項目を使って二つの軸を決めます。機能的特性とは「機能」「特性」「ターゲットの属性」といった商品の特性のことで、「強い・弱い」「大きい・小さい」「多い・少ない」「濃い・薄い」などで表します。一方の情緒的特性はターゲットの心理的な要素で、「親しみやすさ」「高級感」「シンプル」「ファッショナブル」「おしゃれ」「さわやか」「安心」「革新的」などで、**自社の商品がどの位置にあるのかをマップの中に落とし込みます。**

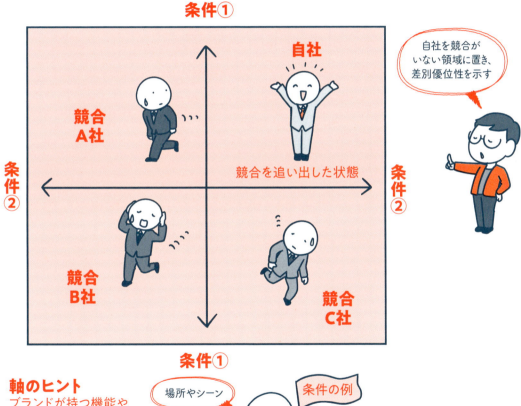

KEY WORD → ☑ 軸の項目設定、お客さん視点、マーケット

16 差別化でよくある失敗とは

ポジショニングマップを描いても、やってみたらうまくいかないときがあります。競合と差別化をするにも「コツ」が必要なのです。

ポジショニングマップを描いてみても、「実際にやってみたらうまくいかなかった」ということがあります。これは、**軸の項目設定が誤っているため「差別化」が表現できないことが原因**です。例えば、「品質」と「価格」を二軸にしたポジショニングマップをよく見かけますが、「品質がよいモノは価格が高く、品質がよくないモノは価格が安くなる」ので品質と価格は正比例し、差別化の要因にはなりません。**差別化を図るには、差別性が発揮される軸の組み合わせが大切**です。機能的な差別性がなくなった場合には、情緒性が効いてくるので情緒的価値を探しましょう。

ポジショニングマップの失敗例

ほかにも、**強いブランドに引っ張られて、自社ブランドの「らしさ」がなくなってしまうのも、よくあること**です。自社ブランドの「らしさ」を見失わず、独自性を築く必要があります。また、競合に勝つことや違いを意識しすぎて、本来の目的である「お客さんが望んでいること」からかけ離れてしまうこともあります。既存のお客さんがブランドに期待しているものはなにかを忘れてはいけません。ほかにも、自社のよさばかりを考えて**お客さん視点**を忘れ、自社の独りよがりにならないように注意しましょう。また、分野を細分化しすぎて、十分な数のお客さんがいなくなってしまうのもありがちな失敗です。**マーケット**がなければ差別化しても収益にはなりません。差別化を考えるときにはこれらの注意点を忘れないようにしましょう。

KEY WORD → ✓ リブランディング、再活性化、伝統

リブランディングで さらなる成長を目指す

企業にとって大きな課題なのが、既存のブランドをいかに維持・強化するかです。ブランドのポジショニングの見直しをすることを「リブランディング」といいます。

商品の売れ行きがあまり思わしくなかったり、低迷しているときには、3Cの視点で課題をしっかり把握し、ブランドの目指す姿を再構築するのが「**リブランディング**」です。**現在のブランドの価値をいかに維持・または強化するかということ**です。一度ブランド価値を確立しても、市場の変化や競合との厳しい競争にさらされ、ニーズへの適応力やコスト競争力を維持することに苦戦することがよくあります。これは、**ブランドのポジショニングが適切でなくなっていることを意味しており、それを見直して再活性化させるのがリブランディングです**。

既存ブランドの再活性化 = リブランディング

リポジショニングを行う例としては、次のような場合が考えられます。まずは、**ブランドの魅力となる価値が伝わっていない**場合。この場合は「お客さんに訴えているポイントや伝えるための手法が適切ではない」「そのブランドが持っている価値に対する社内での優先度が低い」などの理由が考えられます。**歴史のあるブランドの場合、修正しているうちに「最も根幹となる価値」を忘れがち**ですが、本来維持すべきブランドの価値（**伝統**）をしっかりと押さえてリポジショニングを行うことが重要です。次に、**持っている価値だけでは競合に勝てない**場合。このときは、競合ブランドからお客さんを奪うため、求められる価値を明文化し、従来の価値に付加してリブランディングを行う必要があります。

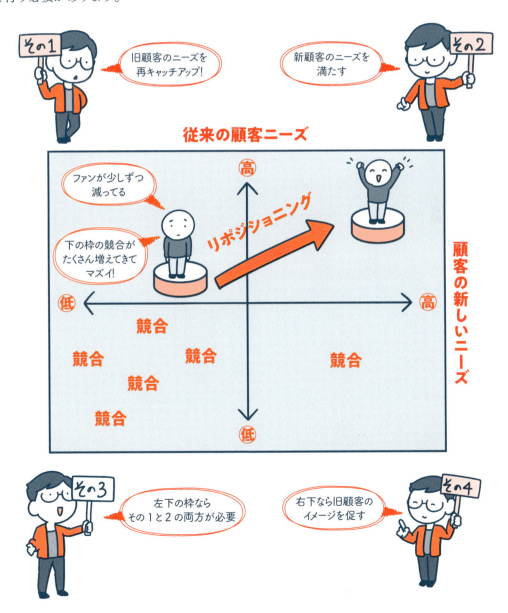

column

覚えておきたい

ブランディング用語集

☑ KEY WORD

ブランド資源　　P56,77

社員などの人的資源、製品やサービスのほか、それらを生み出す設備や機械、資金といった物的資源、企業が所有している顧客情報や技術、信用などの無形資産、特許や著作権、商標権などの知的財産を含めた会社の利益に関わるものすべてを含めた総称。

☑ KEY WORD

ブランドストーリー　　P92,155,194,201

企業理念や商品に対する思いや、その商品が生まれた背景などから、顧客の求める価値を構築するまでのブランドの歩み（ストーリー）を伝える情報のこと。自社の企業理念やブランドの独自の価値が含まれており、共感を得ることで顧客の理解度や満足度も増す。

☑ KEY WORD

ブルーオーシャン P96-97

今まで存在しなかった新しい市場をつくり出し、競争相手のいない未開拓の事業領域への事業展開を行う戦略のこと。競合がなく、高収益が見込める。対義語として、競合企業が数多く苛烈な競争が不可避な既存の領域のことをレッドオーシャンと呼ぶ。

☑ KEY WORD

ブランド占有率 P98

ブランドの市場への浸透率を示す。特定のブランド市場の需要全体のなかで、自社ブランドが売上高や販売数、取扱高、ユーザー数において、どれくらいの割合や比率を占めているかを表す指標。ブランドの市場構造や競争状態を示す数字としても用いられる。

☑ KEY WORD

PB P101,113,208-209

Private Brandの頭文字を取ったもので、「自主企画商品」と訳される。本来は商品を企画・生産しない事業者が、独自に展開した商品を指す。広く知られていて、全国どこでも入手可能な国民的ブランド（National Brand）の対義語でもある。

☑ KEY WORD

ポジショニングマップ P102-104

市場における自社や自社ブランドの競争優位性の立ち位置を明確にし、競合他社との差別化や相関性の把握、自社製品の強みや優位性を導き出し可視化する手法。自社商品やブランドの強みを探すときや、ターゲットにどのような点を訴求すべきかという問題の解決に有効。

Chapter 4

Branding
mirudake note

ブランドらしさの
つくり方

お客さんに選んでもらうためには、ブランドらしさは欠かせません。ターゲットがなにを求め、どのようにアプローチすればその心に届くのか。そのために必要となるブランドらしさのつくり方を学んでいきましょう。

KEY WORD → ☑ ブランドの目指す姿、ブランドの提供価値、セブンプレミアム

01 ターゲットに求められる自社の特性を知る

成功するブランドは、「こうすれば勝てる」という、お客さんに提供する価値が明確になっています。さらにその価値を高め、お客さんに伝えていくのがブランディングです。

「ブランドの価値」とは、簡単に言えば「こんなものが欲しかった」と思わず惹きつけられてしまう、自社ブランドならではの特徴のことです。しかし企業が、**「価値があるだろう」と考えて提供したものとお客さんが欲しがっていたものとの間にギャップがある**ことはよくあります。例えば、テレビのリモコンには、多くのボタンがついていますが、使うボタンはだいたい数個で「こんなに必要ない」と思っている人も多いでしょう。かといって、どんなものを求めているかをお客さんに聞いたとしても、その期待を上回るものができるかどうかは分かりません。

自社の提供価値を探す

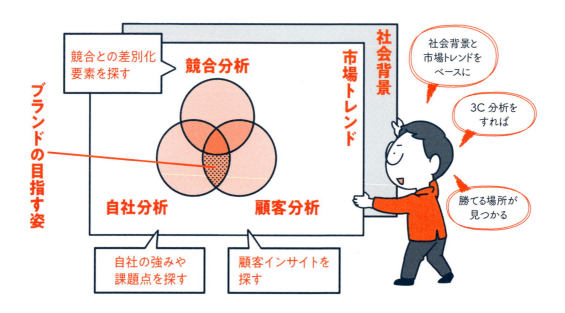

だからこそ、自社・顧客・競合の分析が必要になります。まず、自社の強みや課題点を探す「自社分析」、競合との差別化要素を探す「競合分析」、顧客インサイトを探す「顧客分析」を実施。そして、競合にはない自社の強みと顧客のニーズが重なる部分を探します。そこが競合がいない絶対に勝てる領域であり、**「ブランドの目指す姿（ブランドの提供価値）」** になります。成功するブランドはこの提供価値が非常に明確です。一例として挙げれば、セブン＆アイグループのPB「**セブンプレミアム**」は、「PB＝品質がよくない」というイメージに対し、「品質のよさ」という価値を打ち出し、デザインも独自のシンプルで気品のあるものにして成功。このように、**お客さんにとっての価値を明らかにし、その価値を高めるのが大切**です。

■セブンプレミアムの目指した姿

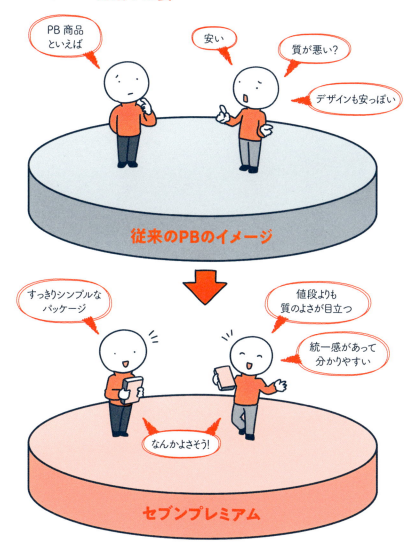

KEY WORD → ✓ 個性、ベネフィット、キーワード、当たり前

02 目指す姿をつくる際のチェックポイント

「ブランドの目指す姿」を決定するには、いくつかのチェックポイントがあります。社内で議論して、他社にない価値を提供することが必要です。

「ブランドの目指す姿」をつくるには、現状の自社ブランドの課題に対して「どう解決したいのか」という戦略を考えますが、その際にブランドの提供価値を明確にすることが必須です。「目指す姿」をつくるときのチェックポイントには、次の4つがあります。**①自社の強みや個性が出ているか**。ブランドは、自社の強みを発揮できてこそ、輝いて見えるもの。競合を目標にしていては、それを超えることはできません。社内で議論して、自社にしかない、ターゲットにとって魅力となる個性を目指す姿に取り入れます。

ブランドの目指す姿をつくるには

②顧客にとって価値のあるものになっているか。お客さんが求めているのは、商品そのものではなく、その商品を購入したことでどんな体験をして便益（**ベネフィット**）を得るかです。「顧客にとってどんな価値をもたらすか」が、目指す姿に含まれなくてはいけません。**③誰にでも分かりやすく、従業員やお客さんに共感してもらえるか**。目指す姿を社内共通の**キーワード**にするために、できる限りシンプルにします。分かりやすく共感しやすいものにすることが成功への近道です。**④「当たり前」になってしまっていないか**。目指す姿を表す言葉に、「安心」「安全」「信頼」「安さ」「品質」など、競合でも使っていそうな当たり前のキーワードを使うと明確さを失います。他社にない価値を示すキーワード選びも重要です。

■目指す姿をつくり出すときのチェックポイント

KEY WORD → ☑ 顧客にとってのベネフィット、自己表現的ベネフィット

03 顧客にとっての ベネフィットを知る

BRAND

お客さんはモノを買ったり使ったりすることで、目に見えない「利益」を得ます。これが「顧客にとってのベネフィット（便益）」であり、ブランドを構成する価値です。

売り手のなかには、自分たちの仕事は「お客さんにモノを売った瞬間」に利益という結果を得たと考えている人もいるでしょう。しかし、**お客さんにとっては、モノを買って使ったり、体験したりすることで得られる目に見えない「利益」もあります**。これは商品の機能性であったり、購入することで得られる高揚感といった「**顧客にとってのベネフィット**（便益）」です。これもブランドを構成する価値の一つ。この顧客にとってのベネフィットは、「機能的ベネフィット」「情緒的ベネフィット」「**自己表現的ベネフィット**」の3つから成り立ちます。

情緒的ベネフィットと自己表現的ベネフィット

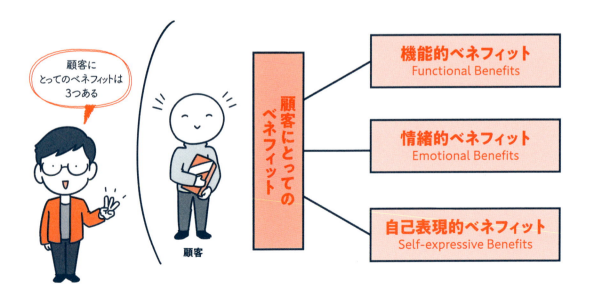

116

機能的ベネフィット（Functional Benefits）とは、商品やサービスが持つ機能的な特徴やスペック、あるいはそれによって得られるプラスの利益のことで、「速い」「軽い」「丈夫」「便利」「洗浄力が高い」など、多くは数値化することが可能です。続いての**情緒的ベネフィット（Emotional Benefits）**とは、商品やサービスを利用したり、体験したりすることで得られるポジティブな感情のこと。「カッコいい」「楽しい」「わくわく感」「高級感」「安定感」など、主に感情に訴える利益です。**自己表現的ベネフィット（Self-expressive Benefits）**とは、その商品やサービスを利用したり体験して得られる自己表現、自己実現感のこと。機能的価値は非常に優れた技術でないと優位性を保つのは難しいため、大切なのは情緒的価値があるかどうかになります。

顧客にとっての3つのベネフィット

機能的ベネフィット	情緒的ベネフィット	自己表現的ベネフィット
商品やサービスが持つ機能的な特徴やスペック、それによって得られる利益	商品やサービスを利用したり体験したりして得られるプラスの感情	商品やサービスを利用したことで得られる自己表現、自己実現感
〈例〉 インテル→ 高速プロセッサー アタック→洗浄力	〈例〉 無印良品→シンプルさ洗練	〈例〉 スターバックス →都会的、 　洗練された気分になれる アップル →クリエイティブになれる

大事なのは情緒的ベネフィットがあるかどうか

感動がブランドと顧客をつなげ強い関係をつくるんだ

KEY WORD → ☑ ブランド体験

04 価値を決める2つの人間の特性

ブランド価値が顧客の求める価値そのものであったとしても、お客さんに届かなければ購買には至りません。どのように価値を伝えるかも考えましょう。

お客さんにとっての機能的価値と情緒的価値は、類似の商品やサービスを選ぶときの判断に大きく影響します。しかし、どちらを優先するのが正解ということはありません。それは、その商品やサービスを選ぶターゲットにより変化するからです。**論理的な考え方をする左脳型思考の人は機能的価値を重視し、感情的な考え方をする右脳型思考の人は印象やイメージを優先する**と言われているからです。しかし、自社の商品やサービスのターゲットが決まっていれば、どちらのタイプに向けて、どんな**ブランド体験**を提供すればいいかを考えることはできます。

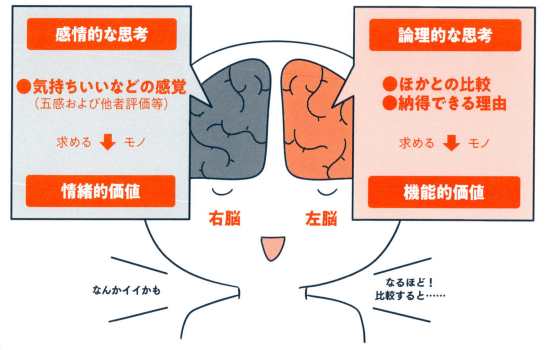

人の判断の仕方は主に二つ！

論理的な考え方をする、いわゆる**左脳型のターゲットに向けてのブランド体験の提供は、論理的な思考で浮かぶと考えられる判断ポイントに訴求**します。ほかのブランドと比較して性能的に優れている点を提示したり、制作サイドのこだわりポイントなどを前面に押し出すといいでしょう。また、このタイプは網羅的に情報を集めて比較することが多いので、文字情報を豊富に使うことで十分な説明をすることが大切です。一方、**感情的な考え方をする右脳型の人の場合は、どれだけいい印象を与えるかが購買動機になります**。面白い CM や好きなタレント・インフルエンサーがおすすめしているからなど「よさそうだな」と思えるようなアプローチが適しています。商品やサービスの種類によって、どんな顧客に対して訴求するかも変化させるようにしましょう。

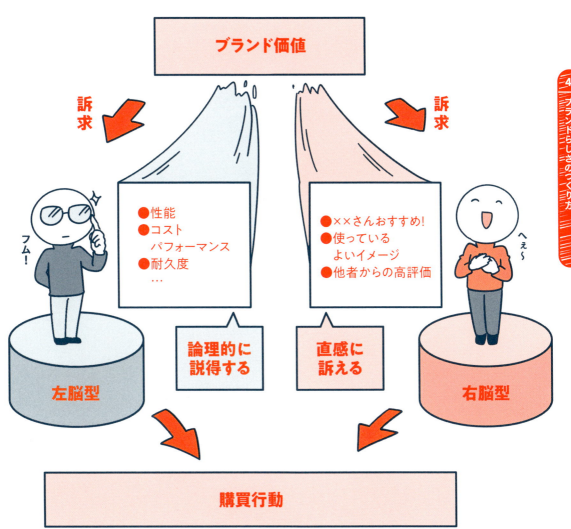

KEY WORD → ☑ エビデンス、自社の強み

05 BRAND
ブランド戦略にはエビデンスを用いる

ブランドがその価値を示すのに最も明確で分かりやすいのが、事実に即した証拠であるエビデンスを示すこと。では、どんなものがエビデンスになるのでしょうか。

競合との差別化を図り、**ブランド価値をお客さんに感じてもらうのに最も分かりやすいのは、ほかの商品やサービスとの違いをはっきり示すエビデンスを提示すること**。そのブランド固有の特徴であれば顧客も納得しやすくなります。その特徴は、商品の素材や製法といったハード面の特徴から、開発コンセプトや提供までのスピード、サービスの充実などのソフト面までの**自社の強み**が望ましいですが、権威ある人などの推奨を得るというのも一つの手です。例えば医療器具なら国のお墨付きである「認証」を得たり、ファッションなら**ユニクロがジル・サンダーという高級ブランドとコラ**

差別化は伝え方も大事

120

ボして高級感を出すことも固有の特徴と言えます。ここで提示する特徴とは、競合より優れていたり、競合にはない独創性の高いものであったり、消費者が理解しやすいものであれば構いません。競合と同じ特徴で最も性能的に優れていれば、その差を説明することは簡単でしょう。また、競合にない独創性も同様ですが、必ずしも新規技術などでなくても構いません。コンセプトや加工法などでオリジナリティを発揮することもできます。最後の「理解しやすいもの」というのは、固有の特徴でも数が多いと分かりにくくなるので、キャッチコピーなどでまとめて概念を提示するということ。例えば**数ある先端技術を並べられても「どのくらいすごいのか」は伝わりにくいですが、「20年後も使える数々の技術」と言われればそのすごさはイメージしやすくなる**ということです。

KEY WORD → ☑ ブランドパーソナリティ、ブランドの人格、エコ、コアターゲット

06 ターゲットを惹きつける ブランドらしさとは

BRAND

ブランドらしさの一つである「ブランドパーソナリティ」は、ブランドの個性であり、キャラクターでもあります。これがないと特徴のないブランドになってしまいます。

人間でもなかなか顔や名前を覚えられない印象の薄い人や、逆に一回しか会っていないのにすぐに覚えてしまう個性の強い人もいます。**同じようにブランドにも「個性」があり、そのブランドの個性を「ブランドパーソナリティ」と呼びます**。ブランドパーソナリティとは、パーソナリティ（人格）という言葉どおり、「**ブランドの人格**」と言うべきもの。一般にもなじみ深いブランドパーソナリティを挙げてみると、トヨタなら「誠実」「堅実」、スターバックスなら「都会的でセンスがよい」ということになります。

ブランドパーソナリティは、まさにブランドの個性であり、キャラクター。他人の個性をマネできないように、強いブランドのブランドパーソナリティをマネることは至難の業。**非常に強いブランドにはほぼ例外なく確立された個性があり、競合と明確に差別化されています**。逆に、自社ブランドにブランドパーソナリティがなければ、特徴のないブランドとお客さんの目には映ります。この特徴を出すのが難しいと思われるときには、お客さん目線での分析が有効です。例えば「低価格」を訴えるブランドの場合、「低価格＝地球環境を考え、ムダを省いたブランド」として特徴を打ち出すことで、低コストを価値ととらえる層だけでなく、**エコ**に関心がある層も**コアターゲット**にすることができるようになるのです。

ブランドパーソナリティ

どんな「らしさ」やイメージを感じさせたいか？
［例］

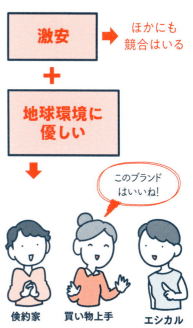

ブランド名	ブランドパーソナリティ
トヨタ	誠実 堅実
レクサス	成功者
スターバックス	都会的 センスがよい

強いブランドにはしっかりとした個性がある

［価格訴求ブランドの例］

激安 → ほかにも競合はいる

＋

地球環境に優しい

↓

このブランドはいいね！

倹約家　買い物上手　エシカル

4 ブランドらしさのつくり方

KEY WORD → ☑ クアドラントモデル、居心地のよさ

07 ブランドらしさの提供に関わる4つの要素

ブランド戦略を成功させるために必要なブランドの目指す姿が実現されているかどうかは、「クアドラントモデル」でマネジメントするのが有効な方法です。

ブランドと、それに接する顧客とのタッチポイント（接点）において、すべての顧客の「ブランド体験」が適切でなければブランドの価値を向上させることはできません。このブランド体験が適切に行われるようにマネジメントするのに有効とされているのが、インターブランド社の「**クアドラントモデル**」という独自の手法。これは、**ブランドの目指す姿を中心に置き、「プロダクトとサービス」「空間・環境とチャネル」「人々と行動」「コミュニケーション」の4つの枠組みそれぞれのタッチポイントで、その考え方が適切に反映されているかをチェックする**というものです。

インターブランド社のクアドラントモデル

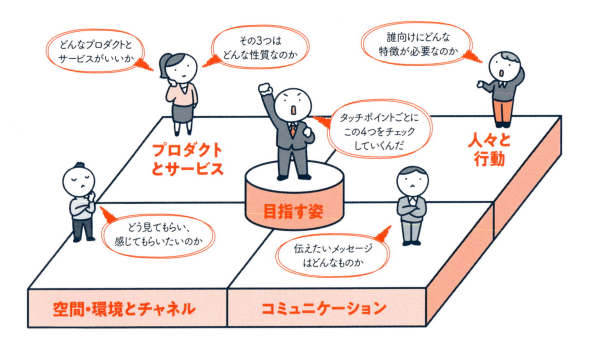

「プロダクトとサービス」でチェックするのは、「どのような種類を提供すべきか？」「どのような性質のものか？」という点。「空間・環境とチャネル」では、「空間や環境をどのように感じてもらいたいか？」という視点で、ターゲットの**居心地のよさ**などを調査します。「人々と行動」では、従業員の「必要なスキルや特質」「どんな行動を求めるか？」といった部分をチェック。最後の「コミュニケーション」では「伝達したいメッセージはなにか？」「集客にはどのチャネルを使用すべきか？」「どう発信すべきか？」といった点を検証します。これらの**4つの枠組みが狙いどおりに進んでいるかをチェックして、適切に改善をしていくことで、ブランドの目指す姿に近づくことができます。**

■ **クアドラントモデル（例：スターバックス）**

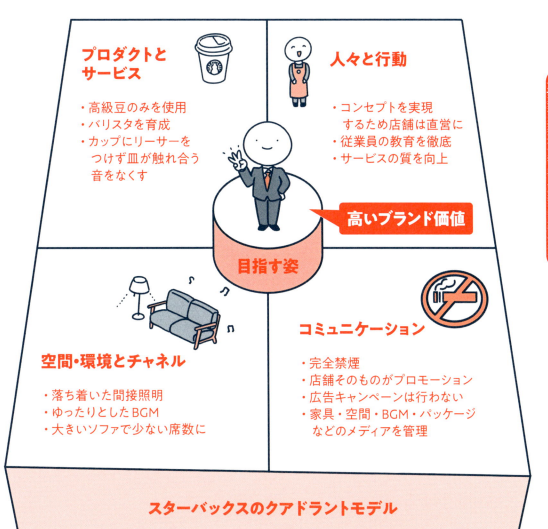

スターバックスのクアドラントモデル

出典：『ブランディング 7 つの原則【改訂版】成長企業の世界標準ノウハウ』（P124・125）

KEY WORD → ☑ ブランド要素、ブランドエレメント、ビジュアル、バーバル、トーン＆マナー

08 ブランドの「らしさ」は視覚・言語要素で成り立つ

ブランドの「らしさ」をイメージ付けるのが「ブランド要素」。これには、視覚的な要素と言語的な要素があり、それらが統一されてブランドの世界観を表します。

ブランドらしさを**ブランド側のイメージどおりにターゲットに受け取ってもらうためには、まずロゴやブランド名など、ブランドを構成する基本的な要素を具体化することが第一歩**。それらを「**ブランド要素（ブランドエレメント）**」といいます。ブランド要素には、ロゴやパッケージデザインなどの視覚的な（**ビジュアル**）要素と、ブランド名、ブランドステートメントなどの言語的な（**バーバル**）要素があります。音や匂い、手触りなど、五感に訴える要素もありますが、それぞれが**的確に「らしさ」を表現すること**でブランドのイメージが構築されます。

ブランドエレメントとは

126

ブランディングにおいて**統一感のあるブランド表現をする際のルールとして、「トーン＆マナー（トンマナ）」があります**。トンマナは、ブランドの「世界観」を表現するもので、広告や販促物などのデザイン表現や理由付けの根拠となったり、デザイン会社や広告代理店などとの間で共通認識となります。例えば、シンプルさを「らしさ」とするブランドが、広告に派手な蛍光色などを使ったら、顧客は違和感を覚えるのでシンプルな色を使う、といった具合です。ここで注意すべきなのは、ブランド側からの一方通行では「らしさ」をつくれないということ。**ブランドの「らしさ」は、受け手となる顧客がそれを感じ取って初めてつくられる**ため、正しく伝えられるかどうかは、センスが問われます。

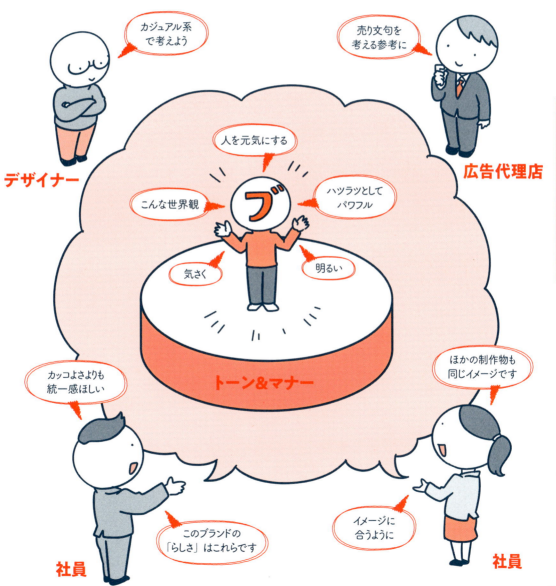

KEY WORD ☑ ビジュアルアイデンティティ、VI、ブランドシンボル、ロゴデザイン

ブランド・ロゴが最も重要である理由

ロゴはブランドシンボルであり、ブランドの顔です。ターゲットの頭のなかに残る個性的で印象的なロゴデザインにするためには、いくつかの注意点があります。

ブランドの統一感を保つために、「目指す姿」を視覚化したデザイン要素すべてをまとめた一式を「**ビジュアルアイデンティティ（VI）**」といいます。このVIの要素には、ブランドのロゴマーク、カラー、店舗や商品パッケージ、WEBサイトのデザインなどがあります。なかでもロゴは**ブランドシンボル**であり、ブランドの顔というべきもの。ロゴを制作する際には、ロゴのパターンや制作ノウハウなどを理解し、ブランド戦略と照らし合わせてブランドの「らしさ」を具体的に表現するものにする必要があります。

ブランド・ロゴ（シンボル）の決め方

ロゴデザインはブランドの「らしさ」を一目で表すもの。多くの競合のなかでも差別化できるように、個性的で印象的なデザインでなくてはいけません。ロゴを決める際の具体的な注意点は以下のとおりです。①**自社の想いを表現する**。「我々のブランドはこうしたい」というブランドエッセンスや特徴、提供価値などを表すものにします。②**覚えられやすい文字にする**。アイコンだけでブランドを覚えてもらうのは至難の業。そのため、ロゴの文字は「読みやすく」「発音しやすい」ものにします。③**実際に使われることを意識したデザインにする**。店舗やパッケージ、WEBページに表示されたときの印象を考えてデザインします。④**どこかで見たようなデザインにしない**。類似ロゴがないか「特許情報プラットフォーム」のサイトで必ず確認しましょう。

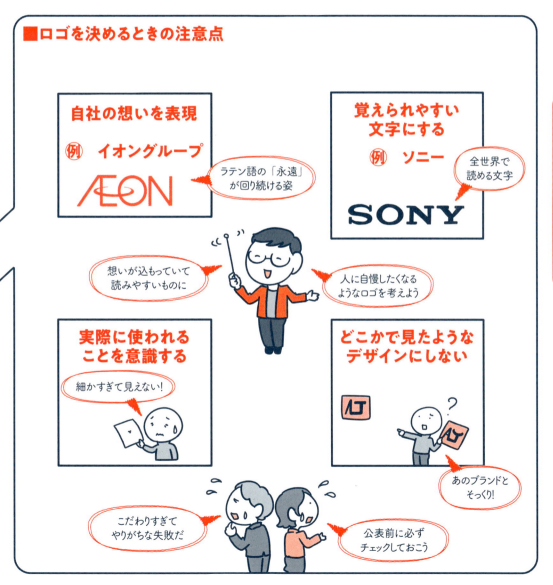

KEY WORD ➡ ☑ 色、キーカラー

10 色が与える印象を利用した ブランドカラー

ブランドのイメージを表す「キーカラー」は重要な視覚的要素です。ブランドのエッセンスや提供価値など、コンセプトに合う色を選びましょう。

ブランドづくりにおいて「**色（キーカラー）**」は非常に重要な要素です。それは、**人は文字よりも先に色で判断しやすいから**です。分かりやすい例を挙げると、オレンジ、グリーン、赤の3本の線。街でこの組み合わせの色を見ると、多くの人が「セブン-イレブン」を連想します。ほかにも、赤＝「コカ・コーラ」、グリーン＝「スターバックス」など、ブランドカラーで人々の頭にブランドが浮かぶ例は数多くあります。このブランドカラーはブランドシンボルの基本表示色であることが多く、効果的に使うと非常に有効に機能します。

ブランドカラーの決め方

色からブランドを連想するということは、キーカラーの選定次第で、お客さんに覚えられやすく、印象の強い**ブランドになる**ということです。色にはそれぞれ連想される言葉があります。**赤**＝情熱的、興奮、熱い、激しい、燃える、**黄**＝明朗、躍動、のどか、前進的、**グリーン**＝さわやか、若い、新鮮、平和、**青**＝静寂、涼しい、開放感、清潔、**紫**＝高尚、優雅、あでやかさ、といった具合に、色は人々にさまざまな印象を与えます。低価格を訴えるブランドが赤や黄色を使う傾向があったり、高級なものには金や銀、黒などのダークトーンが使われるなど、**色が与える印象を利用して多くのブランドはブランドカラーを選んでいます**。ブランドのキーカラーは、ブランドのコンセプトに合うカラーを一つか二つ選ぶのがよいでしょう。

ブランドカラーの要素

■色の象徴性とシンボルカラーの例

色	イメージ	例
赤	情熱的　激しい 興奮　熱い	JAL、コカ・コーラ、NTTドコモ、トヨタ、楽天
紫	高尚　優雅	ANNA SUI YAMAHA
黄	明朗　躍動 のどか　前進的	マクドナルド、ソフトバンク ヤマト運輸
グリーン	爽やか　若い 新鮮　平和	三井住友銀行 スターバックス、LINE
青	静寂　涼しい 開放感　清潔	ANA、アサヒビール intel

この色のイメージを参考にブランドカラーを決めよう

KEY WORD → ☑ 配色、キービジュアル、デザインシステム

11 視覚的なブランド要素は統一感が大事

キービジュアルやビジュアルイメージなど、ブランドの目指す姿をビジュアルで具現化し統一感を出すことで、ブランドの「らしさ」が見える化していきます。

ロゴ、カラー以外にも、顧客にブランドらしさを伝えるときに重要となるのが、視覚的なブランド要素。その代表が**配色**です。広告などを作成するとき、キーカラー一つだけでは広告物の表現が難しいため、ブランドカラーのほかに何色か追加して制作する必要があります。その際に色使いが広告物ごとにバラバラだと、お客さんの目にはブランドとしての統一感が見えなくなり、結果として「らしさ」が伝わりません。そのため、**ブランドのカラーチャート（配色ルール）をつくって、広告物ごとにバラつきが出ないようにすることが大切**になります。

そのほかの視覚的なブランド要素は

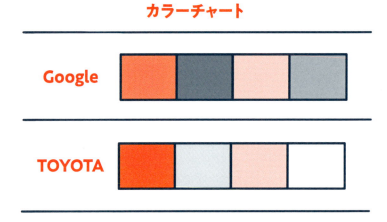

※ brandcolors.net. から抜粋

ほかにも重要な視覚的要素に、ブランドの象徴的なイメージを表す写真やキャラクター、グラフィックデザインなどがあります。これらを「**キービジュアル**」といいますが、ロゴと併せて**キービジュアルが繰り返し登場することで、お客さんの頭の中に浮かぶブランドイメージが固まってきます**。キービジュアルでなくても、写真はブランドのイメージに大きく影響する要素。さまざまなタッチポイントで使用される「ビジュアルイメージ」ですが、これも色やトーンなどを合わせるなど、統一感を出すことが大切です。これらの視覚的要素の統一感を出すためのルールを定めているのが「**デザインシステム**」。ブランドの目指す姿を「正しく伝えるためのビジュアルの使い方」を定めており、ブランドの「らしさ」を守るためにも重要なものです。

■ **キービジュアル**
写真・キャラクター・グラフィックデザインなど
ブランドが伝えたい目標を1イメージ・
1メッセージでまとめたもの

キービジュアルの例

■ **ビジュアルイメージ**
さまざまなタッチポイントで使用される
ビジュアルイメージ

ビジュアルイメージの例

■ **デザインシステム**
ブランドの目指す姿を正しく伝えるための
ビジュアルの使い方を定めている

デザインシステムの例

一つのブランドとして統一感を出すことが重要

KEY WORD → ☑ バーバルアイデンティティ、1語で表現、かけ合わせ、頭文字、アナグラム

12 BRAND
ブランド名は目指す姿をイメージさせるものに

ブランドイメージの構成要素であるバーバルアイデンティティのなかでも、ブランド名は特に影響が大きいもの。顧客に早く覚えてもらうためにも理解しやすさが重要です。

言語的なブランド要素のことを指す「**バーバルアイデンティティ**」は、ビジュアル要素と同様にブランド「らしさ」を表す重要な要素。そのため、<u>ブランドを表現する言葉には統一感がなくてはいけません</u>。そのなかでも、特に「ブランド名」はブランドイメージに与える影響が大きいもの。ロゴのビジュアルでは読みやすさが重要であるのに対して、ブランド名では言葉の意味が瞬時に分かることが大切です。ブランド名をターゲットに早く覚えてもらってブランドイメージを思い浮かべてもらうためにも、言葉選びは慎重に行う必要があります。<u>分かりやすいブランド名を考案するためには、</u>

ブランド名のパターン

❶固有名詞や造語
一つの意味をなすワードや固有名詞を1語で表現している

意味をなす1語 { Apple / Windows }

地名や氏名 { SAPPORO / Dior / TOYOTA / マツモトキヨシ / TESLA（発明家の名前） }

（擬音） Pocky

単語自体に意味があるもの

名前などの固有名詞で意味が生じるもの

細い棒をポキッと折る擬音だよ

134

次の4つのパターンが参考になります。**パターン①固有名詞や造語で1語で表現する**。「Apple」など、一つの意味をなす言葉や固有名詞、造語など、1語で意味を表現するというもの。「SAPPORO」や「マツモトキヨシ」など地名や固有名詞の場合もあります。**パターン②「言葉」と「言葉」のかけ合わせ**。「ユニクロ（ユニーク＋クロージング）」など、意味を持つ単語や固有名詞、造語などを組み合わせるものです。**パターン③頭文字を取ったもの**。「ASICS」の「Anima Sana In Corpore Sano（もし神に祈るならば、健全な身体に健全な精神があれかし、と祈るべきだ）／ラテン語」のように頭文字を取ってブランド名にしたもの。**パターン④順番を変えたり、逆から読んだりしたもの（アナグラム）**。ほかにも、お客さんにとっての価値をそのままブランド名にするものもあります。

❷「言葉」と「言葉」のかけ合わせ
　　意味を持つ単語の組み合わせ、固有名詞、造語の組み合わせ

ユニクロ-「ユニーク」+「クロージング」
カラムーチョ-「辛い」+スペイン語の「MUCHO（もっと）」

❸頭文字を取ったもの（アクロニム造語）

ASICS
ラテン語「Anima Sana In Corpore Sano」

DHC
Daigaku Honyaku Center
（大学翻訳センター）

❹順番を変えたもの、逆から読んだもの
　　（アナグラム造語）

コンサドーレ札幌
道産子（どさんこ）の逆読み
コンサド+ラテン語「-ole」→コンサドーレ

KEY WORD → ☑ ありきたり、発音、アルファベット表記、陳腐化

ブランド名決定で やりがちな失敗例とは

ブランド名は、人間の氏名と同じように重要なものであり、簡単に変えることができません。ブランド名を決めるときは、失敗例を参考にして間違いのないものを付けましょう。

ブランド名を決めるうえでの注意点は、次のようなものがあります。**注意①ありきたりの名前は避ける**。ブランド名は覚えやすさが重要ですが、ほかと混同されるような「よくあるネーミング」は避けましょう。また、あまりにシンプルすぎるブランド名は、すでに他社が商標やブランド名として登録している可能性もあります。世界を見回せば、「Apple」というよくありそうなブランド名も存在しますが、資本力があって大量の広告を出すことで唯一無二の存在であると認知されるブランドにまでなったブランドをマネるのは、得策とはいえません。

ブランド名の注意点

❶ ありきたりな名前

検索しても
上位に来にくい

Apple

メロンは
どうかな？

ダメ！

❷ 読めない

EZFLG
新ブランド

なんて
読むんだ？

覚えられない

注意②読めないブランド名にしない。お客さんがすぐに読めないブランド名は、覚えてもらえません。アルファベットであっても同じで、「なんと読むか分からない」「どう**発音**するか分かりにくい」といったものも避けます。**注意③競合と似たようなブランド名にしない**。他社のパクリだと思われるような名前は信頼を得ることが難しくなります。**④海外の人も発音できる名前にする**。ネットが発達した現在では、**アルファベット表記**も「MAZDA」のように海外の人が発音しやすい表記にしましょう。**⑤海外で使える名前にする**。グローバル展開を考えるなら、海外でネガティブワードに聞こえないものを選びましょう。**⑥飽きが来るものや流行に左右されるものは避ける**。奇抜さでアピールする名前はすぐに**陳腐化**するので使用を避けます。

❸競合と似たブランド名

❹海外の人が発音できるか

❺海外で使用可能か

❻飽きがくるもの

- 流行に左右されるもの
- マルチメディア○○

KEY WORD → ☑ 口調、語り口、トーン・オブ・ボイス、タッチポイント

14 語り口をコロコロ変えると信頼されない

BRAND

タッチポイントごとに語り口を変えるブランドは信頼されません。ブランドらしさを伝えるには、表現の調子や語り口を統一する「トーン・オブ・ボイス」が必要です。

言語的なブランド要素として気を付けるべきことに、ブランドを言葉で表現する際に、**口調や語り口**を統一し、一貫性を持ってブランドのメッセージを伝える「**トーン・オブ・ボイス**」があります。ブランドをキャラクターとして考えると分かりやすいのですが、**お客さんに対する口調が会うたびに変化すると、同一のキャラクターなのか混乱します**。そのため、「どのような言葉や口調で語るのか」をそろえて、お客さんのブランドへのイメージを統一することが大切になってきます。このように「見え方」だけでなく「言い方」にもルールが必要なのです。

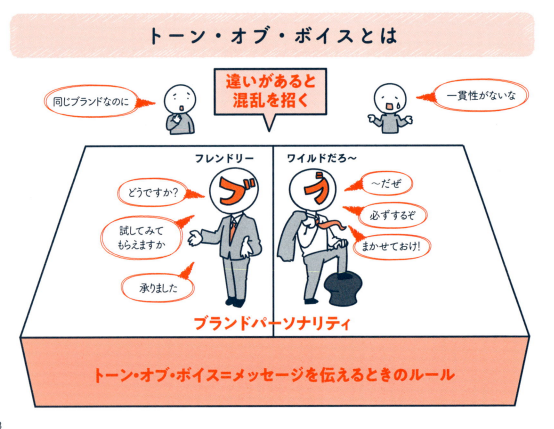

トーン・オブ・ボイスとは

トーン・オブ・ボイスとは、ブランドらしさを損なわないようにするにはどのような言い方がいいのかを決めたものですが、その内容は簡単に言えば、「分かりやすく」「具体的に」「丁寧に」話すというもの。なぜそういった基準が必要かと言うと、ブランドの「らしさ」が現場まで浸透していればいるほど、機能的特性を伝えようと細かい専門的な特徴を羅列してしまったり、逆に情緒的特性を伝えようとして具体性を失ったりしてしまうことがあったり、また、お客さん目線ではなくなって不親切に感じられてしまうこともあるからです。**トーン・オブ・ボイスという基準があることで、情報の過剰・不足・不親切を避けることができ、タッチポイントや対応する人ごとに違う語り口になることを防ぐことができる**のです。

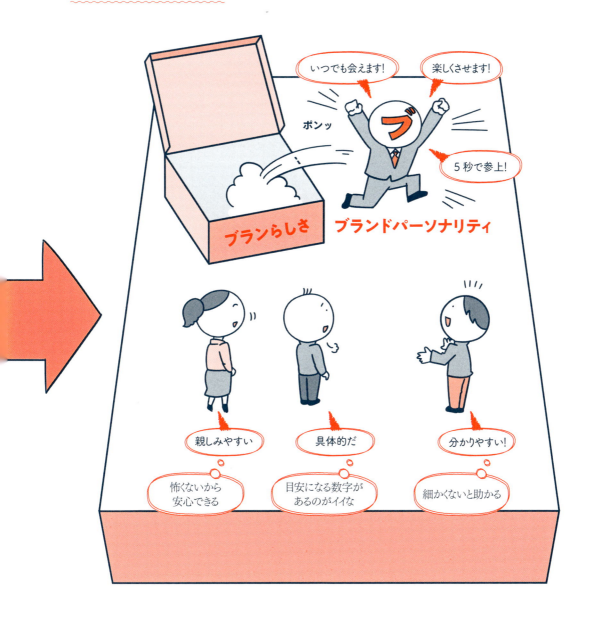

KEY WORD → ☑ メッセージシステム、整合性、オーディエンス、ステークホルダー

15 BRAND
発信するメッセージを統一して混乱を防ぐ

ブランディングで重要なのは、あらゆるところで一貫性を維持すること。言語面でメッセージに整合性や一貫性を持たせるのが「メッセージシステム」です。

ブランディングにおいて重要なのは、あらゆるところで一貫性を維持することです。「トーン・オブ・ボイス」が「どう言うか？」という、いわば口調のようなことだったのに対し、「何を言うか？」を体系的にまとめたものが **メッセージシステム** 。**メッセージシステムは、さまざまなタッチポイントにおいて、ブランドのメッセージに整合性や一貫性を持たせるためのガイドです**。「言っていることが以前と違う」「そもそもメッセージに整合性がない」ということになれば、お客さんに混乱や不信を与えてしまうため、それを防ぐガイドが必要なのです。

一貫性のあるブランドメッセージ

一貫性のなさは、ブランドの信用を失うことにもつながります。メッセージシステムには、ブランドの目指す姿を社内外に伝えるために<u>「誰に、どのタッチポイントで、なにを、どのように伝えるか」といったことが明確に規定されています</u>。ブランドを効果的に表現する言葉をメッセージシステムに集約しておくことで、展覧会、それぞれの店舗、ブランド関係者のスピーチ、広告や広報、WEBページ、SNSなどを通じて、すべての**オーディエンス**（対象者）である顧客を含む**ステークホルダー**に伝わる内容を統一させることができます。ブランディングを行うにあたって見落とされがちなことですが、「一貫性」を持つことは信用を得るために不可欠なのです。

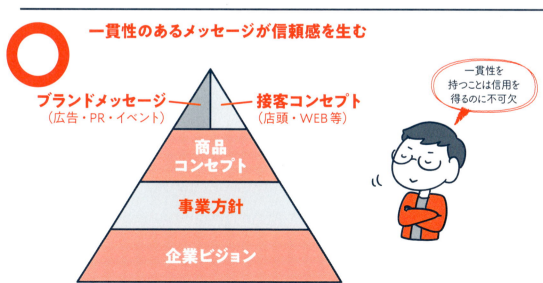

※出典 mag-sendenkaigi/kouhou/201903「広報会議2019年3月号」

KEY WORD → ☑ タグライン、ブランドシンボル、ブランドステートメント

スローガンや目指す姿は分かりやすさが一番大事

ブランドの目指す姿を短い文章で表現したものが「タグライン」や「ブランドステートメント」です。そのブランドがなにを目指そうとしているのかを示す重要な要素です。

ブランド名に次ぐ重要な言語的ブランド要素が「**タグライン**」です。**タグラインとはブランドのスローガンのこと、つまりブランドの目指す姿を一言で表現したもの**。タグラインは、広告に使われるキャッチコピーとは違い、そのブランドがなにを目指そうとしているのか、お客さんになにを提供しようとしているのかを表すスローガンとして、長く使われるものです。海外ブランドの有名なタグラインとしては、ナイキの「JUST DO IT.」、アップルの「Think Different.」などがあります。タグラインのポイントは、「自分たちのブランドがどうあるべきか、お客さんに伝えたいのはな

タグラインとブランドステートメント

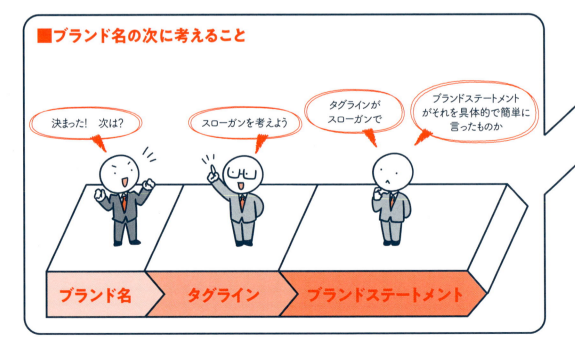

■ブランド名の次に考えること

にか」を短いキャッチコピーで表現することです。タグラインが浸透すると、ロゴなどの**ブランドシンボル**に近い機能を持つこともあります。有名ブランドの広告などでロゴの真下に表示されていることも多いので、参考にするとよいでしょう。同じくブランドの言語的要素である「**ブランドステートメント**」は、ブランドが掲げる理念や目指す姿を簡潔な文章で表したもの。タグラインをより具体化したもので、**「自分たちはどういうブランドで、お客さんにどんな価値を提供するか」を約束する宣言書とも言えます**。ブランドの目指す姿が明文化されることで、社内外に共通意識が生まれるという効果もあります。

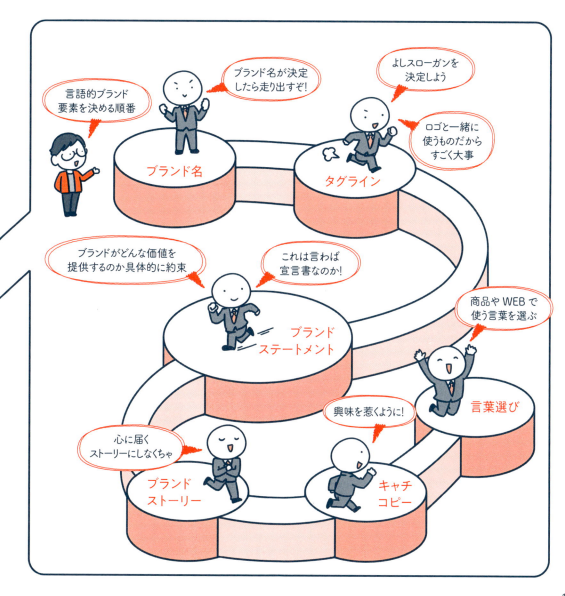

KEY WORD → ☑ タッチポイント、メロディ、ほかが絶対にマネできない味

17 視覚・言語以外の ブランド要素とは？

視覚や言語以外にも、お客さんの五感を通じて訴えかけるブランド要素があります。音、匂い、味、触り心地など、ブランドのコンセプトとマッチした要素を選びましょう。

ブランドイメージは、さまざまな**タッチポイント**で、お客さんが五感を通じて感じるブランド体験によってお客さんの頭の中に構築されていきますが、**視覚要素以外の五感に訴える音（聴覚）、匂い（嗅覚）、味（味覚）、触り心地（触覚）などによって、ブランド力をより強めることも可能**です。あるCMの**メロディ**を聞いた瞬間に、決まったブランドを思い浮かべたり、特定の商品を連想したりすることがあるでしょう。音楽でなくても、例えばハーレー・ダビッドソンのエンジン音は独特なため、分かる人にはすぐバイクを連想させたりします。

五感を刺激するブランドイメージ

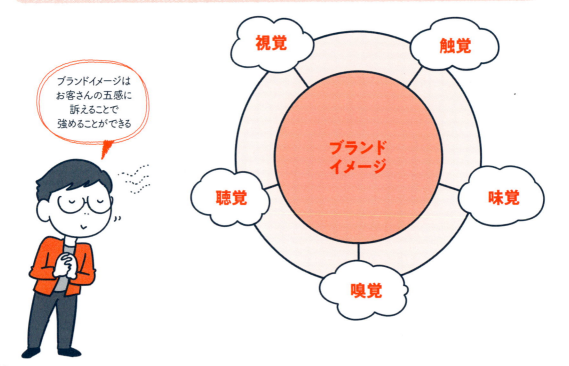

ブランドイメージはお客さんの五感に訴えることで強めることができる

香り・匂いを使った嗅覚によるブランディングもあります。アメリカには「匂いの商標」があり、シャネルやクリスチャン・ディオールなどの高級ブランドでは「このブランドといえばこの香り」と決まっています。コカ・コーラでは、容器の形などもブランドが持つ価値の一つといわれますが、味を使ったブランディングもあり、それが「ほかが絶対にマネできない味」です。かつて味を変更したところ、お客さんが離れてしまい、すぐ元に戻したことで有名です。また、氷の表面をイメージしたキリンの「氷結」の缶の表面のでこぼこなど、商品の触り心地もブランドを連想させる要素の一つ。いずれの場合も重要なのは、「そのブランドらしいかどうか」「そのブランドのコンセプトと合っているかどうか」です。

KEY WORD → ☑ ビジュアルシンボル、核、デザイナー、切り口、専門性、自社ブランドの理解度、創造性

18 BRAND
クリエイティブにおける デザイナーとは？

ブランドらしさを示すクリエイティブ（制作物）を生み出す際、パートナーとして重要なのがデザイナー。その起用にはどのような視点が必要なのかも知っておくべきことです。

さまざまなクリエイティブを生み出す際に、重要となるのが社外の専門スタッフとの協業です。**特にロゴなどのビジュアルシンボルのデザインは、その後のブランディングの「核」になる部分**。それを生み出すのが専門の**デザイナー**です。デザイナーを起用する際にはいくつかのパターンがあります。大きくは「指名」か「コンペティション（コンペ）」があり、さらに指名の場合も社内か社外か、社外の場合は国内か国外か、などといった選択肢があります。

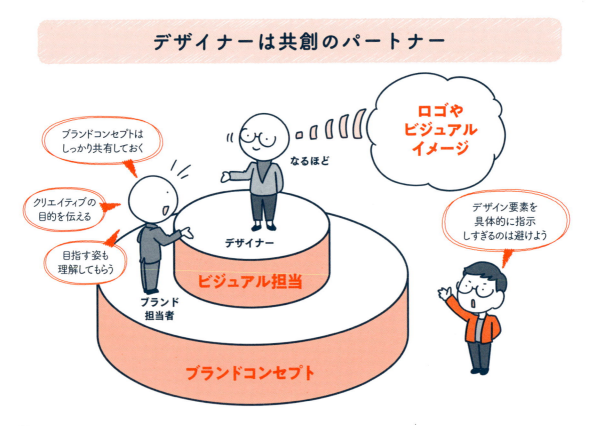

デザイナーは共創のパートナー

デザイナーは、ブランドの斬新な**切り口**を提供してくれることを期待して、さまざまな分野の仕事をしている人を指名することもあれば、その商品や業界の事情について専門的な知識を持っている人の**専門性**を優先して選ぶこともあります。注意すべきは、実績の少ない人や一緒に仕事をしたことのない人の場合、**自社ブランドの理解度**が低いというリスクがあること。一方のコンペは、コストがかかるうえに品質のバラツキが起こりやすいオープンコンペより、指名コンペのほうが一般的。近年では海外デザイナーをコンペに加えることもありますが、その人選が重要です。どちらのパターンでも、「**自社ブランドの理解度**」「**新たな切り口を見つける創造性**」のどちらを重要視するか、なにを期待するかによってデザイナーの選び方は変化します。

■デザイナーに伝えるべきこと

column

覚えておきたい ブランディング用語集 04

✓ KEY WORD

自己表現的ベネフィット　　　　　　　P116-117,170-171

自分のスタイルや価値観を演出するための手段として、そのブランドに価値があると感じること。または そのブランドやサービスを利用することで自分がランクアップできると感じられるなど、自己表現や自己実現欲求が満たされると感じられること。

✓ KEY WORD

特許情報プラットフォーム　　　　　　　P129

独立行政法人工業所有権情報・研究館が提供する「J-PlatPat」というWEBサイト。特許、実用新案、意匠、商標に関する情報を無料で検索や閲覧でき、出願の審査状況の確認も可能。特許庁が明治以来発行した特許や商標に関する情報も見られる。

☑ KEY WORD

ステークホルダー   P46,62,65-66,141

企業活動の影響を受けるすべての利害関係者。金銭的な利害関係がある顧客・株主から、グループ企業や従業員、取引先、金融機関、地域住民、行政機関なども該当。さらに、利害関係だけでなく、競合することで利益や損失を受ける競合企業も含む。

☑ KEY WORD

タグライン   P142

企業やそのブランドのコンセプト、理念、商品やサービスを簡潔に伝える言葉。機能面のみでなく、情緒面の優れた点についても伝えることがあり、ブランドの目指す姿を表現している。そのつど変化するキャッチコピーとは異なる、企業の普遍的な価値を訴求する。

☑ KEY WORD

タッチポイント   P33,35,62-63,67,124,133,138-141,144,152,
                      160-161,164,166,185,194-195,197,216-217

企業やブランドと、顧客を結ぶあらゆる接点のこと。店舗だけでなく企業側が発信する広告、インターネットの口コミ、SNSの書き込みなども含まれる。企業やブランドの認知度を高めるためには、このタッチポイントを増やすことが営業活動の最初の一歩になる。

Chapter 5

Branding
mirudake note

ブランドらしさを育てるには

ブランドらしさをつくれても、それだけで安心はできません。ブランドの表現がブレてしまうと、らしさが伝わらずお客さんは離れてしまいます。ブランドらしさを維持し、一貫したイメージを与えるために行うべきことを学んでいきましょう。

KEY WORD ➡ ☑ タッチポイント、ブランドガイドライン、書体

01 ブランドガイドラインで「らしさ」を守る

お客さんに「いつもと違う」「ニセモノかもしれない」という不信感を抱かせないためには一貫性が大切。そのために「ブランドガイドライン」が必要になります。

ブランディングを行う際、**消費者とのあらゆるタッチポイント（接点）で常に一貫した「らしさ」を示さなければなりません。** 具体的には、商品パッケージや広告物、WEBサイト、イベントや動画、SNSなど、文字どおりあらゆる形で消費者の目や耳に入るものです。それらに一貫性がなければ、お客さんにブランドの「らしさ」は伝わりません。失敗を避けるために必要なのが、いわばルールである **ブランドガイドライン**。これを厳格に守っていくことが欠かせません。ブランドの世界観と異なる表現は、ブランドらしさを伝えにくくするだけでなく、お客さんに不信感を抱かせる

ブランドらしさがブレていると

152

危険もあるのです。例えば、ブランドのロゴは一瞬で消費者にブランドを伝える重要な役割を持っています。このロゴの規定がない場合、どんな問題が起きるかを考えてみましょう。パッケージに記されたロゴの縦横比が正しくなかったり、似ているけれど違う**書体**（フォント）だったり、インクの色が微妙に違っていたりしたらどうなるのでしょう。きっとお客さんは「いつもと違う」ロゴを目にして、「よく似たニセモノかもしれない」という不安を抱きます。「本物だろうか？」と確かめてまで買おうとはせず、結果として購入しない可能性が高いのです。これは末端の顧客だけでなく、取引先も同じ。**「自社のロゴすら適切に管理できない会社」という疑念を抱かせる**可能性があります。ブランドのロゴ管理ができていないと、お客さんだけでなく、お店にも選んでもらえなくなるのです。

KEY WORD → ☑ ポジショニング、ブランドパーソナリティ、ブランドストーリー

02 ブランドを守る ガイドラインに必要なモノ

ブランドガイドラインには、ブランドとして目指す姿を一言で伝えられるようなストーリーや、合い言葉によって世界観を伝えられるメッセージ性が必要です。

ブランドの表現を規定するブランドガイドラインは「イントロダクション」「バーバルアイデンティティ」「ビジュアルアイデンティティ」の3要素で構成されます。**最初の「イントロダクション」でブランドとしての目指す姿やブランドの体系など、根幹となる考え方を示します。**このイントロダクションで最初に必要なのが「**ポジショニング**」。市場における位置付けを示し、自社の独自性や競合との差別化を明確にすることです。そして、ブランドの人格（例：熱血）や、醸し出す雰囲気（例：正義）を情緒的な視点から定めます。これを「**ブランドパーソナリティ**」といいます。このような手

ブランドらしさの要素に対応させる

ブランドガイドライン

- ビジュアルアイデンティティ　デザインの様式や作法
- バーバルアイデンティティ　目指す姿を伝える文章
- イントロダクション　ブランドの根幹

イントロダクション

❶ **ポジショニング**
競合他社との差別性を明確にし「らしさ」を示す

❷ **ブランドパーソナリティ**
ブランドの印象基準として情緒的な視点を定める

❸ **ブランドアーキテクチャー**
ブランド体系の構造やグループ事業の階層などを説明

順を踏んで、自社のブランドがどのような構造になっているかを「ブランドアーキテクチャー」として明確にします。続く**バーバルアイデンティティとは、文字どおり文章で構築される世界観**です。まず目指す姿をより心に訴えかける「**ブランドストーリー**（物語）」で表し、「ブランドステートメント」で目指す姿を一言で象徴的に表現します。これはときに合い言葉となります。続いて、ブランドとして伝えなくてはならないメッセージと伝え方を定め、自社の誰が対応したとしても同一のメッセージを伝えられる「キーメッセージ」を設定します。最後に、**消費者に持たれたいイメージから逆算して、デザインの様式・作法を統一するビジュアルアイデンティティとしてまとめます**。このブランドガイドラインには、ブランドのシンボルや色、社名ロゴタイプ、アイコン、モーションなど、基本的なデザインのルールをすべて収め、誰もが正しく行えるシステムに仕上げます。

バーバルアイデンティティ

❶ブランドストーリー
目指す姿を具体的、情緒的に、ストーリーで表現

❷ブランドステートメント
目指す姿を端的、象徴的に、文章として表現

❸キーメッセージ
キーとなる伝えたい内容や表現を決めておく

ビジュアルアイデンティティ

❶ロゴ・アイコンの仕様
カラーや配色、形などを定めてルール化

・ライトロゴ　・ライトアイコン

・ダークロゴ　・ダークアイコン

・カラー
ホワイト
ffffff

ブラック
000000

レッド
ff0000

❷モーション
場面に合わせた使い方を示す

グレー 50%より
明るい→ライトロゴ
暗い→ダークロゴ

明るい
背景の場合
ライトロゴ

暗い
背景の場合
ダークロゴ

❸禁止事項
やってはいけない使用方法を明示する

規格外の色に変える　回転・反転させる

見えないくらい小さくする　比率・要素を変える

5　ブランドらしさを育てるには

KEY WORD → ☑ ブランド・ブック、ビジュアル化、IT の活用

03 インナーブランディングには ブランド・ブックが便利

ガイドラインもすべての人に理解してもらえるわけではありません。重要な内容だけをまとめ、分かりやすく冊子にまとめることも必要です。

ブランドガイドラインは、ブランドの成長とともに高度化し、内容が複雑になっていきます。そのため、関係するすべての人が内容を正しく理解するのが難しくなっていきます。そんなときに有効なのが、特に重要な内容（エッセンス）を**ブランド・ブックという冊子にまとめ、サポートツールとすること。ビジュアルも含めて記載した直感的に分かりやすい資料**にすることで、使用者の心理的ハードルを下げる工夫も重要です。エッセンスを理解してしまえば、ブランドの表現に対する理解も高まるほか、途中から参加する従業員の認識をそろえることができます。**このインナーコミュニケーションのツール**

ブランド・ブックをつくる

ブランドガイドライン
分厚くて読む気がしない…
知りたいことが探しにくい…

ブランド・ブック
パッと読めて
分かりやすい！

をつくるコツは、**ビジュアル化とITの活用**です。「簡潔な文章」「チャートや図形」を活用し、全体像の把握や構造の理解をしやすくするのが大切。デザイン要素は、基本ルールのほかに、失敗例や優先順位などを一覧できると便利です。冊子の内容をスマートフォンなどからも閲覧できるようにする、内容を動画で伝えるなどといった方策も有効でしょう。親しみを持たせるために手描きのイラストや事業所の写真を使うなど、「理解を促進するため」の工夫も必要です。また、eラーニングや日頃のコミュニケーションツールに落とし込むなど、マネジメントの手法自体も進化が求められます。ブランド・ブックにさまざまな要素を盛り込むことで、冊子自体が手本となり、**スタッフ間でのズレもなくなり、結果としてお客さんに伝わるイメージもブレなくなります。**

KEY WORD → ☑ **ブランドの目指す姿**

04 ブランド価値を
最大化させるための姿勢

ブランドの価値を最大化させるために必要なのが社員一丸となっての取り組みです。社員教育を通じて、社員1人ひとりにブランドの概念を根付かせましょう。

ブランディングでは「**ブランドの目指す姿**」の社内浸透が大切ですが、それはブランド価値を高めて企業の利益を上がるために必要不可欠な要素と言えます。その社内浸透を深めるために必要な考え方としてインターブランド社が提唱するのが「ブランドエンゲージメント」です。この言葉は、一般的にはインナーブランディングでの社内浸透や企業やブランドに対する愛着を育む教育を指すと考えられていますが、同社は一歩進んで「**すべての社員がブランドの目指す姿を実現するために考え、実践できる**こと」としています[※]。

意識を高めるブランドエンゲージメント

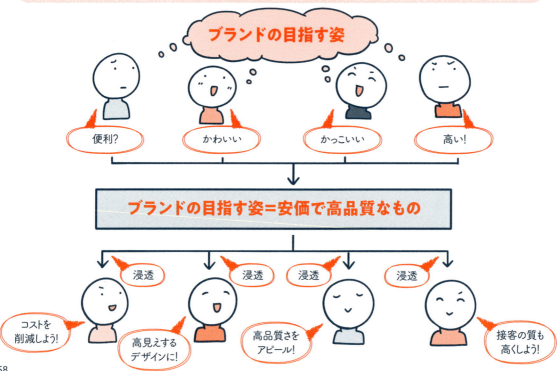

同社のブランドエンゲージメントで重要になるのが、「常に目的地を共有する」「必要かつシンプルな情報にいつでも簡単にアクセスできる環境を整える」「評価や報酬も視野に入れた制度設計を行う」という3つの施策。この3つを行うことで、インナーブランディングによる**社内浸透を阻む社員の3つの意識「目的がわからない」「情報が足りない」「押し付けでやる気が起きない」を変化させ**、ブランドにふさわしい考え方を身に付け、実践できる社員を育むことにつながります。社員の心理的な抵抗感を取り除くことで、社員が前向きにブランディング活動に取り組み、結果としてブランド価値を高めることが可能になるのです。

■社内浸透のためには

※出典:『ブランディング7つの原則【改訂版】成長企業の世界標準ノウハウ』

KEY WORD → ☑ インナーブランディング、ブランドアンバサダー、愛着

05 インナーブランディングの具体的な進め方

社員が自らやりたくなるような楽しい内容のブランディング教育を通じて社員にもブランドへの愛着を醸成してこそ、お客さんにもブランドらしさが伝わります。

ブランドエンゲージメントの浸透で重要な活動の一つである「**インナーブランディング**」は、社内を対象としたブランディング教育のこと。**全従業員へブランドのビジョンや価値観を理解・浸透させ、行動を促すための活動**です。対象は従業員ですが、基本は顧客向けのときと変わりはなく、そこに**「なぜ今ブランディングを行っているのか」を経営層から伝える**ことなどが加わります。実施では専用の教材や資料、ワークショップの開催や**ブランドアンバサダー**を設置するなど、複数のタッチポイントでケアします。従業員が楽しめて、自らやりたくなるような内容が望ましいでしょう。イ

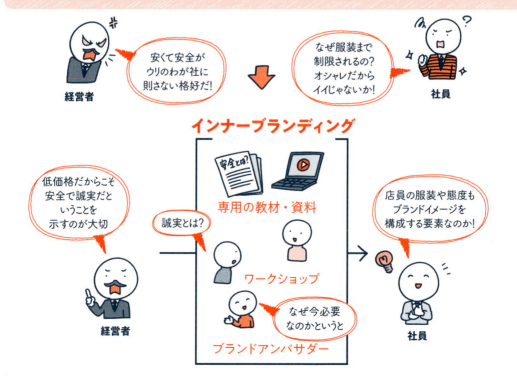

インナーブランディングで愛着をアップ

ンナーブランディングでは、従業員のなかにブランドへの**愛着**を醸成することを目指します。一見すると遠回りに見えますが、これは必要不可欠なこと。なぜなら**従業員のなかにブランドへの理解や愛着があってこそ、さまざまなタッチポイントで、お客さんにブランドの「らしさ」が伝わる**からです。この従業員への教育では、経営層からの熱の込もった想いを発信することが必須です。強制ではなく、従業員の心に変革を起こし、ともに歩む姿勢を示すことで共感を得ることが重要なのです。社内向けWEBサイトや**社内報などの媒体のほかにも、セミナーや座談会での直接対話、動画によるメッセージなどで繰り返し伝えます**。費用対効果の見えにくい事業ですが、従業員が「この会社で働くことを誇りに思う」ことにこそ価値があるのです。

■インナーブランディング＝「愛着」を醸成すること

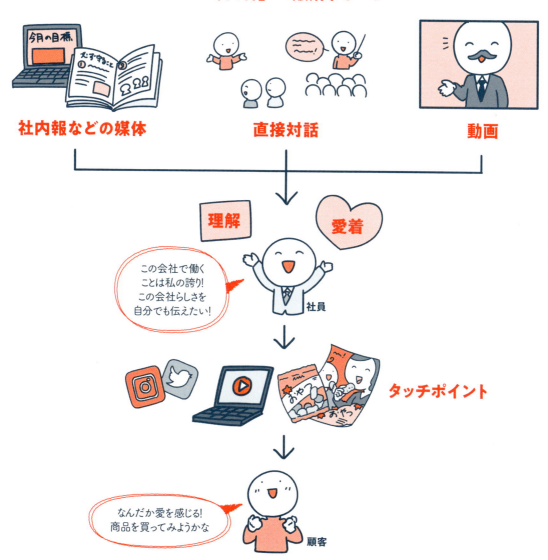

KEY WORD → ☑ インパクト、一体感、ストーリー性

06 短絡的なインパクト重視はブランディングに向かない

BRAND

ブランドを認知させる広報戦略は、広告代理店などの外部の人に丸投げするのはやめましょう。ブランドオーナーである自社でしっかり吟味することが必要です。

ブランディングに費用をかけても成功に至らないケースはありますが、その原因の一つに「広告」との関わり方が挙げられます。「広告さえ出せばイメージが伝わる」「商品を売るためには**インパクトが大事**」という昔ながらの考えで制作会社などに丸投げしてしまうと、依頼ごとに違った特徴を強調する広告になってしまいます。すると、**それぞれの商品ではよくても、そのブランド全体のイメージがブレてしまい、消費者にはブランド全体の一体感が感じられなくなります**。インパクト重視の広告で一時的に商品が売れたとしても、継続的なメリットは見込めないのです。逆にデメリットとして

162

挙げられるのが、「一貫性がないブランド」というイメージを持たれる危険性。また、インパクト重視の広告で**ストーリー性**の違うイメージが残って消費者に本来の姿と違うイメージで認識されると、ブランドにとって大きなマイナスとなります。**これらのデメリットは広告ではなく「関わり方」が悪いことで生じるもの。任せきりで、ブランドの「らしさ」や「目指す姿」を制作サイドに伝えていないことが原因**です。広告はアウターブランディングのツールとしていまも有効なものの一つなので、その関わり方を正しく理解して活用していきましょう。

KEY WORD → ☑ ブランドコミュニケーションマネジメント、クリエイティブブリーフ

07 ブランドコミュニケーションを適切にマネジメントするには

ブランドコミュニケーションにおいて重要なクリエイティブの制作にあたっては、伝えたい内容をしっかりと共有するためのクリエイティブブリーフが必要になります。

ブランド戦略ではあらゆるコミュニケーションチャネルで発する表現が統一されていることが重要ですが、特にお客さんに対して発信する広告や宣伝などの制作物では注意が必要です。クリエイティブ分野のため、デザイナーなどに制作を依頼することがほとんどですが、その際には、**ほかのタッチポイントでの表現と一貫した世界観を維持することを意識しなくてはいけません。**クリエイターは依頼を受けた制作物が最も効果的に伝わるように制作するため、見え方や言い方などが独創的になり一貫性が崩れてしまうことがあるからです。これを避けるためには依頼する側が**ブラン**

ドコミュニケーションマネジメントを行わなくてはいけません。これは、ロゴの使い方やブランドカラーの使用条件を提示するだけでなく、最終的な目的や届けたいブランド価値などを正確に伝えることも含まれます。そこで使用されるのが「**クリエイティブブリーフ**」と呼ばれる、取り決めた内容をまとめた書類。ブランドの目指す姿からブランドパーソナリティ、デザイン的なルールまで丁寧に説明し、「この制作物で消費者になにを伝えたいのか」という明確なゴールを共有するものです。このクリエイティブブリーフがあれば、新たな制作物を別のデザイナーに依頼するときにも使うことができ、ミーティングでの発言などの不確定な要素に振り回されることなく、ブランド表現の統一が図れます。

KEY WORD → ☑ アウターブランディング、プレスリリース

08 BRAND
広告に頼らないメディアでの認知度アップ方法とは

費用をかけずに広告を出す方法は、メディアに「記事」としてブランドを取り上げてもらうこと。記者に「記事にしたい」と思わせるプレスリリースの発信が重要です。

インナーブランディングが社内向けであるのに対し、お客さんなどの社外向けに行う**アウターブランディングには、テレビや新聞、WEBなどの「宣伝広告」、展示会やポップアップショップなどの「イベント」「販促キャンペーン」など、数多くのタッチポイントがあります。**ただ、デジタル時代に入ってからは、これらのタッチポイントは「どうせ広告だから」「都合がいいことしか伝えていない」と消費者に思われることが増加。しかし、そのなかでも新聞やWEBなどのメディアで「記事」として取り上げられると、大きな宣伝効果が得られる場合があります。

プレスリリースは注目を集めるきっかけになる

●プレスリリース
報道機関に向けて提供する情報・告知・発表のこと

166

その方法として昔からあるのが**プレスリリース**ですが、目にした相手がメディアで伝えたくなるような工夫が欠かせません。「見栄えがいい」「目を引く」といった写真などのビジュアル素材を活用したり、商品のサンプルを添付するなどもその一つですが、大事なのは相手の立場を考えて訴求する内容を決めること。記者が相手なら記事に取り上げやすいことを分かりやすく記載し、新規度の高い情報や、社会問題への取り組み、SDGsの観点で自社製品がいかに環境に貢献しているかといったトレンド情報を盛り込むと、記事になる確率が上がるでしょう。昔ながらの手法とあなどらず、**プレスリリースをどうすればアウターブランディングの手段の一つとして活用できるかを考えてみましょう。**

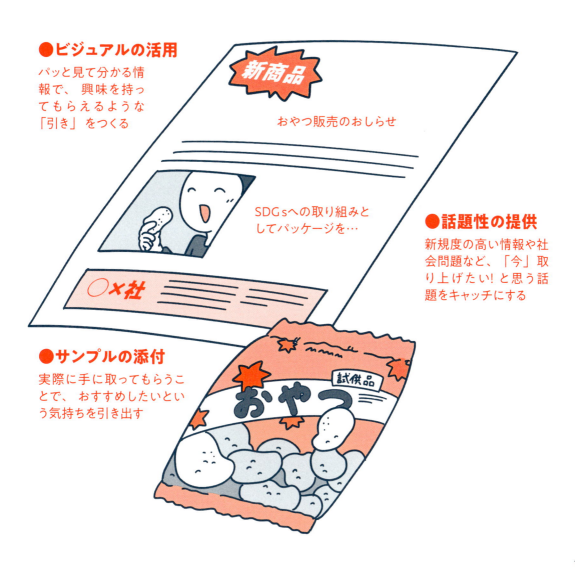

●ビジュアルの活用
パッと見て分かる情報で、興味を持ってもらえるような「引き」をつくる

●話題性の提供
新規度の高い情報や社会問題など、「今」取り上げたい！と思う話題をキャッチにする

●サンプルの添付
実際に手に取ってもらうことで、おすすめしたいという気持ちを引き出す

KEY WORD → ☑インフルエンサー、クラウドファンディング

09 BRAND
SNSなどのWEBメディアで ブランド認知を高めるには

誰もがインターネットやSNSで発信できる時代の今、ブランド「らしさ」に細部まで気を配ったオウンドメディアやさまざまな方法での積極的な情報発信が大切です。

近年のアウターブランディングでは、ネットの力は欠かせません。ネット上で口コミが広がったり、ネットきっかけでメディアに取り上げられることも多いからです。しかし、それも検索の受け皿があってこそ。まずはその受け皿として、HPなどの自社メディア「オウンドメディア」やSNSなどの「シェアードメディア」を用意しましょう。自社HPをつくるときに最初に行うことは、ブランド名でドメインを取ること。**URLやファビコンでも「らしさ」が現れる**ので細部まで気を配ります。シェアードメディアでは、SNSサービスでページを開設すれば準備はOKです。受け皿

WEBメディアを活用するには

ができたら、ユーチューバーやインスタグラマーなど影響力が強い**インフルエンサー**にSNSで取り上げてもらうためにアプローチしたり、特徴ある新商品の開発のめどが立っている際は、クラウドファンディングを利用するのも一案です。「**クラウドファンディング**」は、ネット上でやりたいことを発表し、賛同者から資金を集める仕組みですが、開発資金を調達できるだけではありません。応援してくれる人＝ファンを集められるというメリットがあるのが特徴です。そして、出資をすることで<u>お客さんにその商品を通してブランドを「自分ごと化」させる効果もあり、より多くの賛同者を増やそうと、周囲に拡散してくれることもあります</u>。WEBメディアはサイト上に情報が残るので、検索されやすくなる点もメリットです。

■出資することで"自分ごと化"させることが可能に

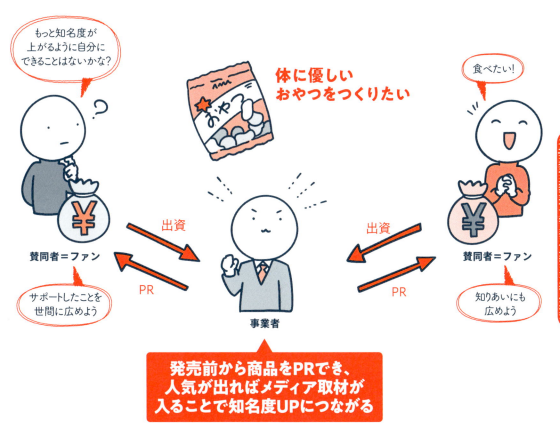

KEY WORD → ☑ 共創、AIDMA、5A理論、自己表現的ベネフィット

10 共創時代の新たなブランディングの進め方

企業側からの一方通行の訴求は時代遅れです。購入者自身が周囲に商品をおすすめしたくなるようなコミュニケーションを新たに構築していきましょう。

ブランディングは「商品価値」が重要とされた時代、「体験」が重要とされた時代を経て、現在では「**共創**」が重要な時代に突入しつつあると言われています。**つまり、企業と顧客がともにブランドを創っていく**という時代です。SNSの普及により、企業側だけではなく**消費者側も発信チャネルを持ったことで情報量が増え、消費者の購買行動が劇的に変化した**ことが関係しています。経済学者のフィリップ・コトラーは著書で、以前の消費者の購買行動「**AIDMA**」に代わる新たな行動プロセスをスマートフォン時代のカスタマージャーニー「**5A理論**」というフレームワークで再定義

AIDMAの時代から5A理論の時代へ

商品価値の時代　体験の時代　　　　**共創の時代**

従来の購買決定プロセス　　　　**新プロセス**

AIDMA
認知 Attention
興味 Interest
欲求 Desire
記憶 Memory
行動 Action

5A理論
認知 Aware
訴求 Appeal
調査 Ask
行動 Act
推奨 Advocate

しました。AIDMAが「購入してもらうこと」をゴールとしていたのに対し、SNS普及後の**5A理論では「だれかにおすすめしてもらう」ことがゴール**。企業側からの「知ってください、買ってください」という一方通行の訴求の時代は終わり、「購入者が自発的に推奨したくなるようなコミュニケーションをいかにつくれるか」という共創ブランディングの時代になってきているのです。
5A理論の「推奨」には、購入した人が「これよかったよ」と口コミすることと「私はこれを使っている人間なんだ」という自己表現的ベネフィットの二つがあります。主張の強い商品パッケージからあえてシンプルなデザインに変更して「らしさ」を伝える路線に変更する商品も増えています。これは消費者の生活空間における自己表現に寄り添い、承認欲求を妨げない工夫です。

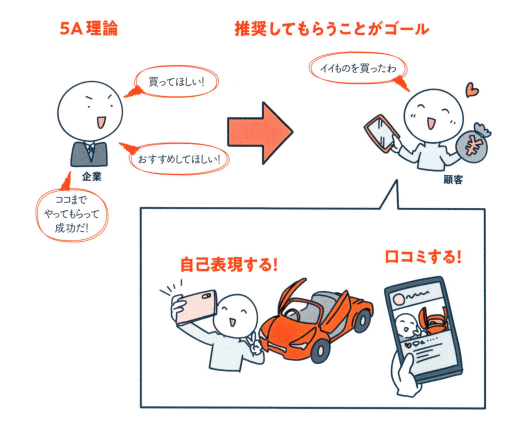

column

覚えておきたい
ブランディング用語集

☑ KEY WORD

書体（フォント） P153

表示・印刷の際に用いる字体を一貫した方針でデザインした文字スタイルのこと。和文書体には明朝体やゴシック体、楷書体などがあり、欧文書体ではローマン、イタリックなどがある。パソコンソフトなどでも同じ意味で書体（フォント）と呼ばれる。

☑ KEY WORD

ブランドアンバサダー P160,182

ブランドの顔となる人物のことで、ブランド大使とも呼ぶ。企業のなかで部門の境界を越えてブランドのビジョンや価値観を伝える役割を果たす、社内のインフルエンサー。インナーブランディングで重要な存在で、ブランドアンバサダーがブランド理念を理解し、行動することで社内浸透が進んでいく。

☑ KEY WORD

クリエイティブブリーフ　　　P164-165

広告キャンペーンの戦略を要約した広告の設計図。ターゲットやコンセプト、核となるアイデアや期待効果などの項目からなる。「このコミュニケーションによってなにを伝えたいのか」という明確なゴールを共有するためにメッセージの内容などを明確に示している。

☑ KEY WORD

SDGs　　　P167

Sustainable Development Goals（持続可能な開発目標）の略称。2015年に国連サミットで193の国連加盟国によって採択された、貧困やジェンダー差別の解消など、2030年までに達成することを目指す17の目標を指す。

☑ KEY WORD

オウンドメディア　　　P168,177

自社で保有するメディアの総称。かつては企業パンフレットなどを指していたが、ソーシャルメディアの登場以来、自社で運営するWEBサイトやブログなどを指すようになった。企業の経営戦略や顧客獲得において広報以外の重要なツールの一つとなっている。

Chapter 6

Branding
mirudake note

効果測定を行い
次につなげる

ブランディング活動は実行した効果を正確に把握し、改善点を見つけ出し、次へと続けていく必要があります。本章では世界的基準の効果測定の方法を元にした、効果測定で持つべき視点をご紹介していきます。※

※ P180〜199の「10の視点」は『ブランディング7つの原則【改訂版】成長企業の世界標準ノウハウ』より引用・再編集しています。

KEY WORD ➡ ☑ **効果測定、フィードバック、定性調査、トラッキング**

01 効果測定なくして ブランディングは完成しない

ブランディングの効果的な測定をするためにも、ブランドに対する価値評価のやり方や仕組みを知ることが大切です。

効果的なブランド価値の向上を行うためには**効果測定に基づくフィードバック**が欠かせません。ブランディングの各活動結果を測定して、目指す姿と現状とのギャップを把握し、ギャップを埋めるフィードバックを行うことで、**効果的なブランド価値向上サイクルを繰り返すことが重要**です。とはいえ、具体的なブランディングにおいては、測定を途中でやめてしまう場合や、偏った調査で終わっている、調査対象が広く実態がつかめないということがよく起こります。これらは、前述のように金額に換算することが難しいため、効果測定は費用対効果が見えにくく、経営陣だけではなく現場でもその必要

効果測定とフィードバックのやり方

性がなかなか理解されません。そこで、まずは**ブランドに関する網羅的な価値評価の仕組みを構築しておくことが必要**になります。これをつくっておくと、**ブランディングにより起きた現象について、現在のブランド価値・事業価値だけでなく、将来どんなインパクトを与えるかがチェックできる**ようになります。また、**測定結果のフィードバックも、誰でも的確に判断を下せるように、シンプルで網羅的な情報を共有する体制を取ることも重要**です。効果測定は、数値を集める定量調査だけではなく、お客さん・従業員へのインタビューなどの**定性調査**、SNSやオウンドメディアの**トラッキング**などもありますがコストもかかってきます。

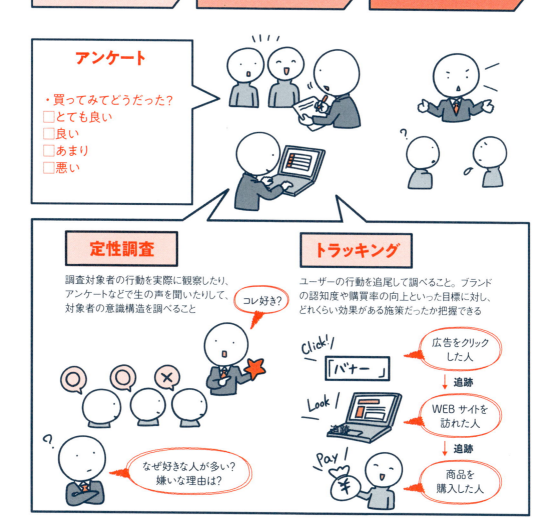

KEY WORD ➡ ☑ ギャップ、トレンド、SNS サービス

02 ブランディングの最終目標とのギャップに対応する

トレンドの変化が激しい現代は、ブランドの目指す姿と現状にギャップも生まれやすいもの。ブランドの本質は残しつつ時代に合わせたアップデートが必要です。

ブランド戦略の活動中は、**ブランドの目指す姿と現在のブランドの位置付けのギャップを常に確認しなければなりません**。例えば、ブランドが求める「らしさ」が「快適なくつろぎ空間」の場合、お客さんへのアンケートで「快適なくつろぎ空間」があまり提供できていないことが分かったとしたら、これがギャップです。そのほかの施策で多少の効果が出ていたとしても、ギャップが存在していることはブランディング上では大きな問題です。目指す姿（将来）に比べて足りていない部分を補充するために、**どこが原因でなにが課題かを確認し、課題解決のための施策を打たなければなり**

ギャップの解消のために行うことは

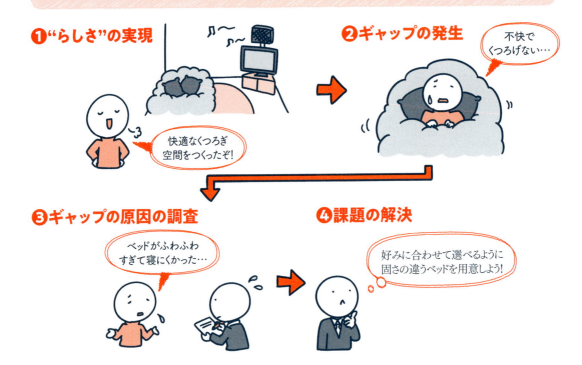

ません。時代は刻々と変化していて、スマートフォンが出現してからの10年で驚くほどの変化がありました。**トレンド**が変わればデザインの傾向も変わり、かつてのロゴデザインが古臭く感じられたり、新しく生まれる **SNS サービス**への対応も必要となります。顧客のニーズをいち早く把握してそれに応えるために重要なのは、**ブランドの本質的なところは残し、時代に合わせてアップデートしていくこと**。自社ブランドが目指す姿に到達したと思っても、**取り巻く環境は常に変化していて新たなギャップが生まれます**。時代を超越し、普遍的で、長期間にわたってお客さんに愛されるブランドとなるためには、変わりゆく環境の中で常に生まれてくるお客さんとの新たなギャップに対応していく、継続的なブランド戦略や施策が必要となります。

■**顧客ニーズの変化**　　　　　　**企業と顧客の関係性**

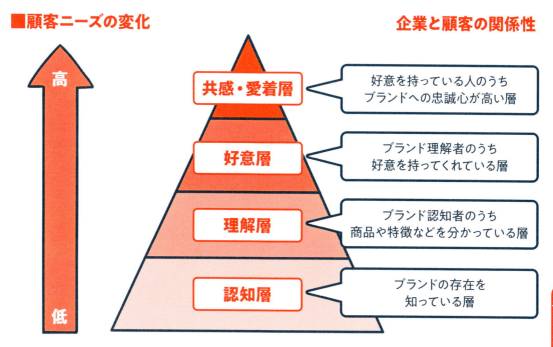

■**環境の変化と工夫**

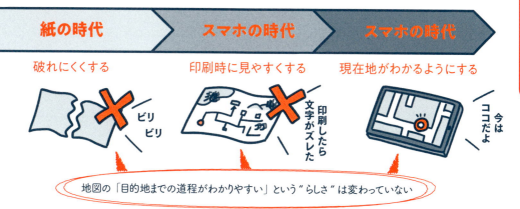

KEY WORD → ☑ 概念明瞭度、フランチャイズ

03 10の視点①ブランド概念の社内浸透度が基本

効果測定を行うためにどんな項目についてチェックするのが必要なのでしょうか。ここからはインターブランド社が提唱する10の指標を元にチェックすべき視点を紹介していきます。

一つ目の視点は社内でのブランド概要の浸透度を測るものを**「概念明瞭度」**と言い、ブランドの目指す姿がどの程度明瞭で社内での理解や共有が進んでいるかを表すもの。この確認はブランドマネジメント活動の最初の段階で行う必要があります。その理由は、それまでの企業活動の結果によって消費者が独自のイメージ、理解を持っていたとしても、社内でブランドの目指す姿が明確に理解されていないことがあるため。たとえ消費者がブランドらしさを的確にとらえていても、社内で理解度が低ければ、部分的な広告やプロモーションなどによって、イメージ悪化を引き起こし

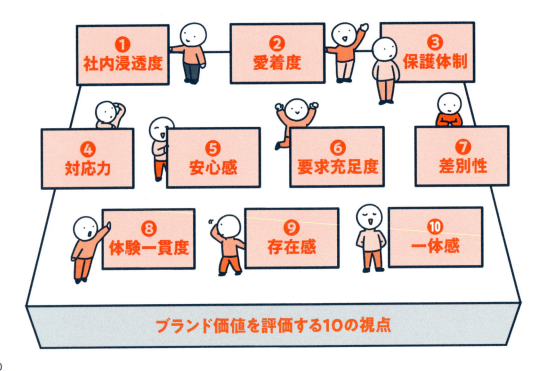

世界基準のインターブランド10の視点

① 社内浸透度　② 愛着度　③ 保護体制
④ 対応力　⑤ 安心感　⑥ 要求充足度　⑦ 差別性
⑧ 体験一貫度　⑨ 存在感　⑩ 一体感

ブランド価値を評価する10の視点

やすくなります。概念明瞭度が高い状態とは、**経営層を含むあらゆる従業員がブランドの歴史や目指す姿について語ることができ、業務のなかでブランド体験をどう提供するかを理解している**、というもの。評価が高い企業として分かりやすい例としては、アップルやイケアが挙げられます。**創業者が示した世界観がシンプルかつ明確な場合、従業員のブランドの目指す姿への理解度が高まります**。例えば、「優れたデザインと機能性を兼ね備えたホームファニッシング製品を幅広く取りそろえ、より多くの方々にご購入いただけるようできる限り手ごろな価格でご提供する」というイケアのビジネス理念は非常に明確で、理念が浸透しにくいといわれる**フランチャイズ**システムを採用しているにも関わらず、世界中の店舗の従業員にまで深く浸透しています。

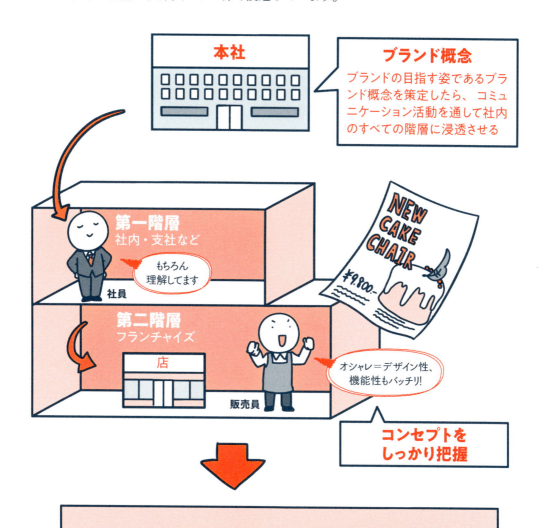

KEY WORD → ☑ 関与浸透度、愛着、誇り

04 BRAND
10の視点②従業員の ブランドへの愛着度を上げる

関係者や従業員の積極的な行動があってこそ、ブランド力は維持されます。そのために従業員が積極的にブランドに関与することもブランド力を上げる手段の一つです。

ブランドは、もしブランド力が上がったとしても、関係者の継続的で積極的な行動がなければ、その力を維持することはできません。そのため、二つ目の視点としてこの「**関与浸透度**」が挙げられています。**経営層を含む全社員が「ブランドが事業戦略の中核であると信じているか」「組織全体のあらゆる意思決定、行動、活動にブランドの目指す姿が反映されていて、ブランドに対する愛着・誇りが生まれているか」が大切**です。特に経営層の強い関与が重要で、事業戦略とブランド戦略を一体と位置付けることや、自らブランドアンバサダーとして社内外に対して発信することなどが求め

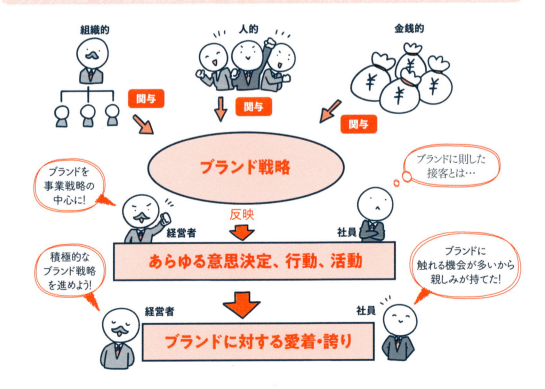

られます。関与浸透度は、経営層へのインタビューや従業員へのアンケートなどから大まかにつかめるでしょう。**「経営層のブランド戦略へのコミットメント（組織的な関与）」「全部署の意思決定に対するブランドの影響度」「定義されたブランド体験の提供に対しての実行度」など、すべての従業員がどれだけブランドと深く関わっているか**、理解だけでなく実際の行動（実行）とその際の感情（愛着）まで注目します。この関与浸透度が高い企業であるコカ・コーラでは「ブランドの一貫性の維持と進化のため」として、非常に多額の投資を行っていることが知られています。結果としてブランド価値向上につながる関与浸透度を上げるために、しっかりとインナーブランディングを行う必要があることが、この例からも分かるでしょう。

■事業戦略とブランド戦略

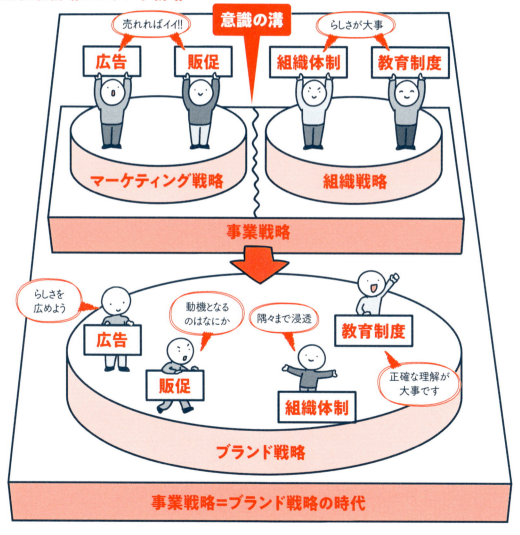

KEY WORD → ☑ 統治管理度、ブランドガバナンス、CMO

05 10の視点③ブランドらしさの保護のための体制

ブランドの世界観は消費者の購買意欲に大きく影響します。商品やサービスはもちろん、ショールームなどにおいても一貫したブランドらしさが体験できることが大切です。

3つ目の視点として挙げられているのが**統治管理度**です。これは「ブランドを防御・コントロールするための役割・責任が明確か」「ブランド戦略を効果的・効率的に実行するために必要な組織の能力・仕組みがあるか」というもの。ブランド管理の戦略とそのための組織の役割などの設計、ガイドラインの有無や、マネジメントのためのシステム基盤などの運用ツール、商標保護の管理体制などが機能していることが大切で、顧客に与えるイメージの一貫性をこの視点で考えます。**効率的かつ一貫したブランド体験の提供を行うためのブランドガバナンスが利いている**ことが

ブランドらしさを守るための体制は？

ブランド戦略の計画

ブランド戦略の実行

ブランド戦略の実現

ブランドを防御・コントロールする役割を持つ組織が必要

ブランドのガイドラインやシステム基盤を運用する仕組みが必要

一貫性が大切

184

求められるために必要な視点です。具体的には「**CMO** やブランド責任者の示すビジョンと課題が明確か」「本社のブランドチームと各事業部門のブランド管理の役割と責任がしっかり定義されているか」「ブランド戦略のためのスキルやプロセス、技術基盤、ツールが組織にあるか」「ブランドを守る法的な準備は周到でありモニタリングと保護のレベルが高いか」に着目するもので、ブランディング活動を行ううえでの重要ポイントとして考えるとよいでしょう。この視点で評価が高いのは世界的な自動車ブランドの BMW です。同ブランドは、<u>商品から店舗に至るまでのあらゆるタッチポイントで視覚・言語面でのブランドマネジメントのルールを細かく整備</u>。商品である自動車だけでなく、「ショールームに設置されたカフェにおいても、ブランドらしさを体験させる」という部分にまで徹底しています。

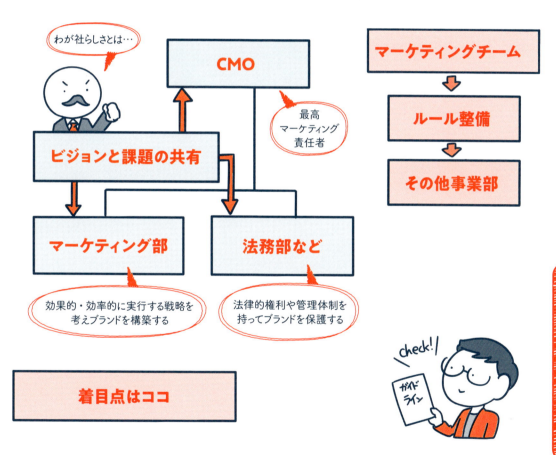

❶マーケティング責任者と実行部門のビジョンと課題が明確か
❷ブランドチームと各事業部門の管理と役割の定義が明瞭で網羅的か
❸ブランド戦略における<u>スキルや基盤、ツール</u>を組織として持っているか
❹ブランドを保護する周到な法的準備とその監査能力や効力はどのくらいか

KEY WORD ➡ ☑ 変化対応度、組織のイノベーション、組織の機動性

06 10の視点④変化に対する先見性のある対応力を持つ

既存の価値観に固執して時代遅れのブランドと認知されないように必要な変化を見出し、迅速に対応できるような事業戦略が必要です。

4つ目の視点は変化対応度で、これは市場環境やビジネスのうえでの「チャレンジ」やその発生を予測し、タイムリーに対応しながら、ブランド・組織・戦略を継続的に進化させ、ビジネスを成長に導いているかに注目します。ブランドマネジメントは中長期的な視点でとらえるべきものですが、それはいっさい変化しないということではありませんし、むしろ固執していると時代遅れとなってブランドイメージの失墜につながりかねません。ブランドには絶えず進化し続ける姿勢と能力が求められるのです。そのためには常に市場、顧客、競合の動向をチェックし、必要な変化を見出す先見

市場の変化に対応できる体制になっているか

性が大切です。変化対応度の具体的な評価対象となるのは、**組織文化や市場での成功実績、市場へのインパクトという「組織のイノベーション」、課題や機会に対する対応の迅速さである「組織の機動性」、市場トレンドや顧客の「ニーズの変化を予測する能力」、製品、サービス、ブランド体験を改善するための「従業員、顧客、パートナー間の対話促進の度合い」**です。変化対応度の高いブランドの代表であるIBMは、1990年代から現在にかけて、コンサルティング事業の統合やPC事業の売却など、市場の変化に合わせて積極的な事業戦略の舵取りを行っています。同時に、ブランドマネジメントにおいても1997年に発表した「eビジネス (e-business)」から2008年「スマータープラネット (Smarter Planet)」までと、時代を形づくるコンセプトを発信し続け、市場を牽引する先進的なブランドという位置付けを得ています。

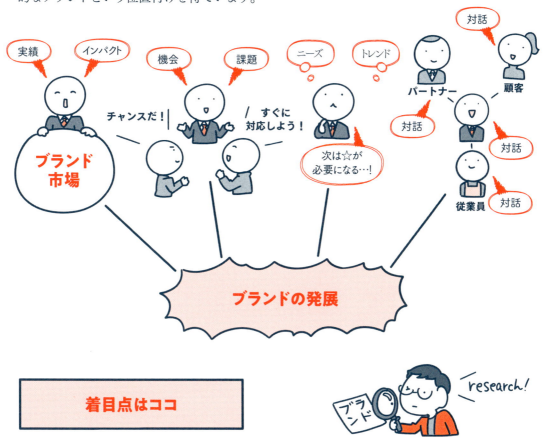

着目点はココ

❶ ブランドに対する組織の技術革新(イノベーション)はあるか
❷ ブランドの変化に対して迅速に対応できる組織の機動性があるか
❸ ブランドの需要を察知し変化を予測する能力はあるか
❹ あらゆる関係者とのブランド改善に対する会話促進度はどれくらいか

KEY WORD → ☑ 信頼確実度、ファン、歴史、伝統

07 BRAND 10の視点⑤ 顧客にとって安心感のあるブランド

顧客にとって安心感のあるブランドとして評価される理由は、歴史や伝統だけでなく、信頼性や確実性です。これがなければトップブランドとして君臨はできません。

5つ目の視点である**信頼確実度とは、ファンであるなしに関わらず「あのブランドは中核理念を実現するための中身が伴っている」と信じられているかどうか**、というもの。具体的には、オペレーションや組織文化、組織の能力などを備えているかという点になります。目指す姿が立派であっても、実現できなければ意味はありません。また、実現する能力を持っていたとしても、それを実現すると顧客が思っていなければ、できないことと同じです。「過去いかに顧客の期待に応えてきたか」「**歴史**が浅くても真摯に顧客に向き合い実現性を信じられるように説明しているか」で信頼

ブランドの信頼感をどれだけ得られている？

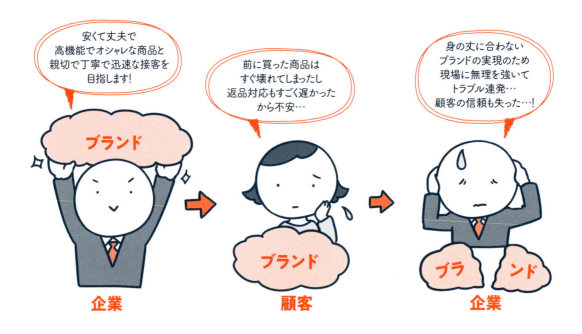

確実度は大きく変わります。ここで注目すべきは、**「どれだけ信頼され、偽りがないと見られているか」「実際のブランド体験がどれだけブランドの目指す姿に沿っているか」「ブランドの歴史や伝統がブランドの品質、由来、根拠をどれだけ強化しているか」という点**。この情報収集には社外へのアンケートやブランドの歴史の監査などが用いられます。そして、この信頼確実度が非常に高いのがトヨタ。歴史を通じて品質の高さを証明し続けて顧客からの高い信頼を獲得してきた日本トップの自動車ブランドです。2009年にはブランド信頼度を大きく下げるリコール問題で一時的にその信用に傷が付きました。しかし、最終報告によりトヨタ車に欠陥がなかったことが分かり、その後は過去の歴史で育んだ消費者からの信頼の高さで急回復。トップブランドとしての安心感は現在も健在です。

着目点はココ

❶どれくらい偽りなく信頼されているか
❷実際のブランド体験がブランドの目指す姿にどれくらい沿っているか
❸ブランドの歴史や伝統がどのくらいブランドの品質や由来、
　根拠となっているか

KEY WORD → ☑ 要求充足度、機能ベネフィット、情緒ベネフィット、機能的ニーズ、情緒的ニーズ

08 BRAND
10の視点⑥顧客の要望への要求充足度の高さとは？

機能的ニーズだけでなく、情緒的なニーズも満たしているのが強いブランド。情緒的ニーズを満たすためには、状況に応じたブランド体験を提供していくことが大切です。

顧客が求めるものに対して満足させるのは、ブランドとしての大きな課題。6つ目の視点である**要求充足度では、機能ベネフィット・情緒ベネフィットの両方で、既存・潜在顧客の幅広いニーズ、欲求、意思決定基準を満たしているか**に着目します。この場合のベネフィットとは「顧客が商品・サービスから得られるよい効果」という意味ですが、利便性、品質、価格といった**機能的ニーズ**を満たすだけではなく、楽しさ、喜び、安心感などの**情緒的ニーズ**も同時に満たす必要があります。強いブランドとは、これらを満たし、ニッチな顧客層だけではなく、幅広い層で多くの人々の心を

顧客の2方面のニーズ対応度を調べる

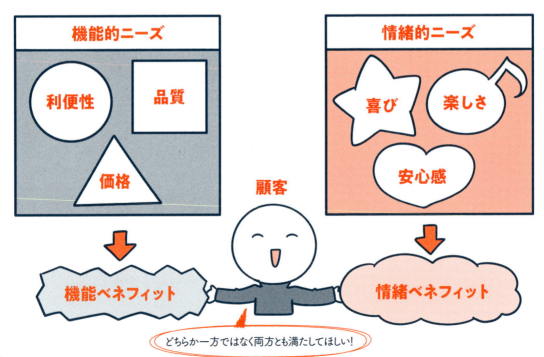

つかむブランドを指すのです。この要求充足度で求められるのは「既存・潜在顧客」「機能・情緒」それぞれの両面で、ニーズ、欲求、意思決定の基準を満たすこと。そして、対象者や状況ごとに適したブランド体験を提供することです。これらによって**顧客にどれだけ「自分に関係・意味あるブランドか」を感じてもらえるか**が重要になります。この要求充足度の高い典型的な例として知られるのが、コカ・コーラやナイキ。ともに米国発祥のブランドですが、文化や宗教の壁を越え、世界中の人々の満足度を満たし、親しまれています。特にナイキの要求充足度が高い理由として挙げられるのは、単なるスポーツグッズとしての機能だけでなく、世界的ブランドであるという安心感や、格好よくありたいという情緒的ニーズを満たしている点です。

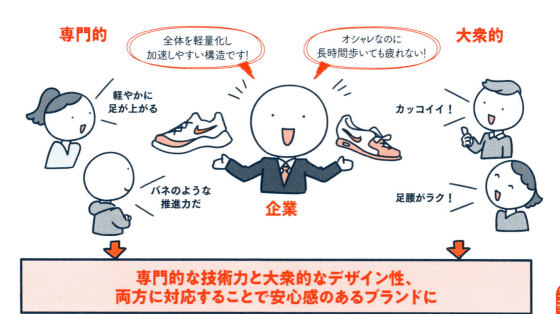

着目点はココ

❶機能・情緒的ニーズ、欲求、意思決定基準の満足を
　既存・潜在顧客どちらにも提供しているか
❷ブランド体験を対象者や状況に対応するよう変化させられるか
❸ブランドに対して顧客がどれくらい「自分ごと」に感じてくれるか

KEY WORD → ☑ 特有の価値、差別特有度

09 BRAND
10の視点⑦差別化が顧客に感じられているか

ブランディングで重要な要素である差別化ですが、消費者が気付いていなくては意味がありません。「差別化されている」と認識できる体験の提供も重要です。

ブランディングの重要な要素である差別化。それを具体的に「競合と比較して差別性のある**特有の価値**やブランド体験を提供しているか」「その差別特有の価値や体験（差別化の要素）が、既存・潜在顧客に認識されているか」を考えるのが7つ目の視点である**差別特有度**です。差別化の一部は事業戦略上のポジショニングによって生まれることもありますが、あくまでも人々の頭の中におけるイメージとして、ほかとの差別化が定着しているかがポイント。つまり、**数あるブランドのなかで「特別なもの」と知覚される**ことで、そのブランドは強い競争力を持つことができ

顧客が「らしさ」をどれくらい感じているか

ます。差別特有度でチェックするのは、競合と比べて特徴のある「イメージ」や「体験」を提供しているかということを、顧客・消費者が「どれだけ感じているか」です。つまり、**差別化されたイメージや体験を、受け取る側が「差別化されている」と認識しているかが重要な点。送り手側だけの思い込みではない、差別化の実情を探る**というものです。顧客へのインタビューやアンケート調査、競合も含めたクリエイティブ監査などで明らかにしていきます。また、クリエイティブな表現により、どれだけブランドを際立たせているかについても確認します。「特別なもの」として認知を得ているブランドには、フェラーリやアップルがあります。事業上のポジショニングに加え、ブランドの目指す姿、それを伝えるクリエイティブな表現などが明確に「違う」と消費者に認識されています。

着目点はココ

❶競合と比べて特別なイメージを持っているとどれくらい顧客や消費者が感じているか
❷競合と比べて特別な体験を提供しているとどれくらい顧客や消費者が感じているか
❸ブランドを際立たせるクリエイティブな表現をどれくらいできているか

KEY WORD → ☑ 体験一貫度、語り口、モニタリング、ブランドの世界観

10の視点⑧体験一貫度でストーリーのブレをチェック

一貫したイメージを貫き、ブランドの価値を提供することで初めて、顧客はブランドの世界観に感化されます。そのためには質の高いブランド体験や交流が大切です。

8つ目の視点が、**体験一貫度**です。これは、「既存・潜在顧客がブランドと接するすべての機会で、一貫したブランドの目指す姿と、それに基づくブランドストーリーを感じているか」を示すもの。**タッチポイントごとに適切でクリエイティブな表現方法や語り口でブランド表現を行いながらも、一貫してブランド価値を顧客に体験させているか**を測るという視点です。過去にはブランドロゴやデザインが規定どおりに運用されているかのチェックのための**モニタリング**が主でしたが、現在は体験の一貫性をモニタリングすることが重要視されています。なぜ体験一貫度が大切かと言えば、ブラン

ブランドストーリーの一貫性を守る

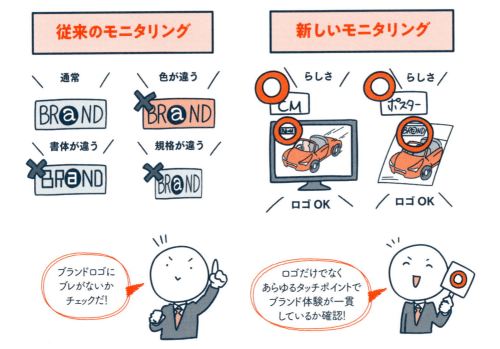

ドイメージが正しく伝わらないからというのが理由。「顧客が異なるチャネルやタッチポイントで、どの程度シームレスに体験ができるか」というのは、質の高い体験や交流を一貫して提供するためにも気を付けなくてはいけません。常に顧客視点で、**それぞれのチャネルで視覚的・言語的表現がブランドコンセプトを反映しているか、その表現にバラつきがないかをチェック**します。この点で優れているのは、「創造への情熱」をテーマにするルイ・ヴィトン。商品から店舗・広告物などのクリエイティブ表現に至るまで、伝統的・現代的などさまざまな手法で一貫したイメージを貫き、ブランド価値の提供を行っています。顧客は商品や店舗・広告物などを通じてその情報に何度も触れることで、**ブランドの世界観**に感化されていきます。

❶ あらゆるタッチポイントやチャネルで提供しているブランド体験がどれくらいシームレスで一貫しているか
❷ タッチポイントやチャネルで質の高い体験や交流を一貫して提供できているか

KEY WORD ☑ 存在影響度、プレゼンス、オピニオンリーダー、純粋想起

11 10の視点⑨ メディアでの扱いで注目度を調べる

顧客のブランドへの親密度は、アンケート調査以外にもSNSなどのメディアを通じて知ることができます。率直な意見への迅速な対応のためにも欠かせません。

9つ目の視点が、**存在影響度（プレゼンス）**です。これは**SNSを含むあらゆる媒体やコミュニケーションチャネルのなかで「好意的に語られているか」「顧客、またオピニオンリーダーに際立った存在と認められているか」**をチェックします。これを上げるためには、まずは認知率を上げることが第一歩。誰にも知られていなければブランド選びの候補に挙がることすらできません。そのため、**現在進行形のブランドとして認知され、取り上げられ、話題になることが大切**です。新製品やサービスの発表、新しい取り組みなどが期待感として話題になることは、存在影響度の評価が高い表れと言えます。

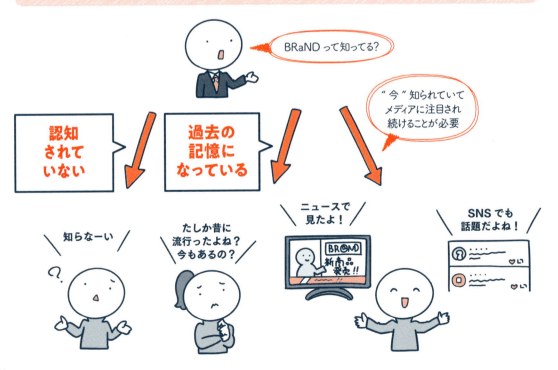

ブランドの注目度をしっかり意識する

この存在影響度では、属する業界内やそれ以外で「どれくらい際立った存在と認識されているか」や、関係者の間で「どの程度・どのように語られているか」を調査します。このとき大切なのは、ペイドメディアを除き、「**最も重要なチャネル、タッチポイント、地域をカバーしているか**」です。具体的な調査方法は、「認知・**純粋想起**」の項目は消費者や顧客へのアンケート調査、「話題性」の項目では、記事クリッピング数やSNSの各種分析ツールを使用。それぞれのアンケート結果を集計して、存在影響度の高さを割り出します。この存在影響度が高い例として分かりやすいのがGoogleです。1990年代に生まれた新しいブランドながら、認知度やネット関連での純粋想起では圧倒的ナンバーワン。その動向は常にネット上で話題となっています。

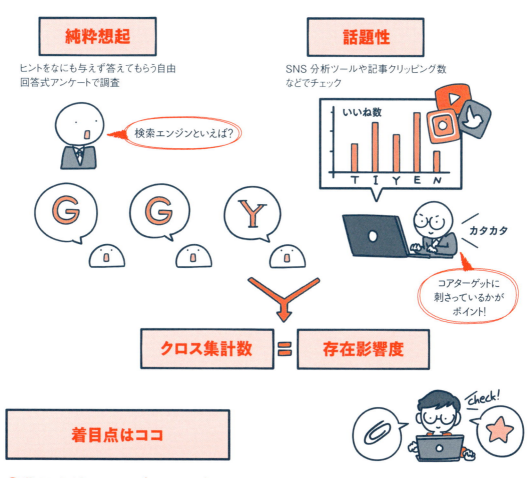

❶業界内外でそのブランドがどれくらい際立った存在だと認識されているか
❷ペイドメディア以外のブランド関係者にどのように、どれくらい評価されているか
❸タッチポイント、チャネル、地域などで最も重要な要素をカバーしているか

KEY WORD → ☑ 共感共創度、ファン、一体感、ファン基盤

10の視点⑩ 顧客に一体感を感じさせファン化する

すばらしいブランド体験ができると、顧客は高い満足を感じ、ブランドへの親密度が上がります。顧客を喜ばせるブランド体験の提供は非常に大切です。

効果測定で大切な視点の最後、10番目は**共感共創度**です。これは「顧客が**ブランドの目指す姿を正確に理解し、強く共感しているか**」「**愛着や一体感を持って、ブランドの価値創造に参加しているか**」です。存在影響度が「どう思われているか」がポイントであることに対し、こちらは「顧客がブランドの目指す姿に深く共感し、絆を感じているか」「顧客自らがアンバサダーとしてブランドを企業とともにつくり上げるか」言わば**身内（ファン）状態になっているか**が重要な点。顧客がブランドのファンになることで将来への安定性が増すことは、繰り返し述べているとおりです。共

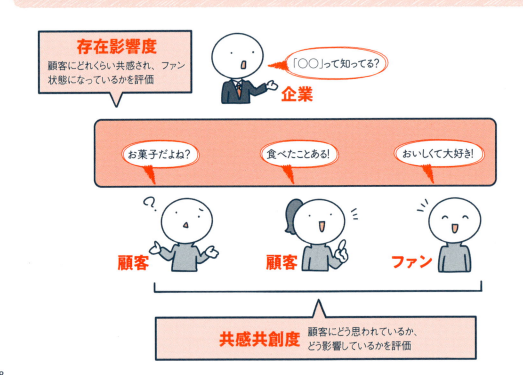

感共創度の調査では、顧客へのアンケートやインタビューで「ブランドについての知識の深さと質」「**どれだけ強く一体感を感じているか**」といった情緒的な項目のほか「**各チャネルを通じて対話、共創、支持がどれだけ喚起されているか**」など行動についても注目。これらの調査で分かっているファンが多いブランドとして有名なのが、ハーレー・ダビッドソンやスターバックス。ハーレー・ダビットソンは定期的なツーリングツアーなどを通して顧客との絆を深めており、なかには身体にブランドのタトゥーを入れるほど熱烈なファンもいます。一方のスターバックスは、家庭でも職場でもない「第三の空間」としての居心地のよさや、商品展開、フレンドリーな接客サービスによって、競合が増えるなかでも顧客との絆を深め、強固な**ファン基盤**を築いています。

着目点はココ

❶顧客・消費者のブランド知識がどれくらいの深さで、それくらいの質なのか
❷自社や共有のチャネル、プラットフォームを通じて
　対話や共創、指示がどれくらい喚起されているか
❸顧客・消費者に与えている一体感がどれくらい強いか

KEY WORD → ☑ PDCA、ブランド価値、カイゼン

13 ブランドマネジメントはPDCAで継続する

ブランディングは一度やればいいというものではありません。PDCAサイクルを用いて、改善を続けていくことが重要です。

これまで取り上げた10の視点は、ブランド戦略を高い水準で進めるために必要なものです。それぞれのブランディング活動を実行する前にこれらの視点に立って考えるのはもちろん大切ですが、実行後に同じ10の視点で見つめ直すことで「なにが課題なのか」を把握できるため、覚えておくと役立ちます。また、**ブランドマネジメントは一度きりではなく、PDCA（計画、実行、評価、改善）のサイクルに乗せて繰り返すことによってブランド価値の向上と維持が可能になります**が、この手法は、日本生まれの業務改善活動「**カイゼン**」と同じです。この方法であれば、日本企業は得意でしょ

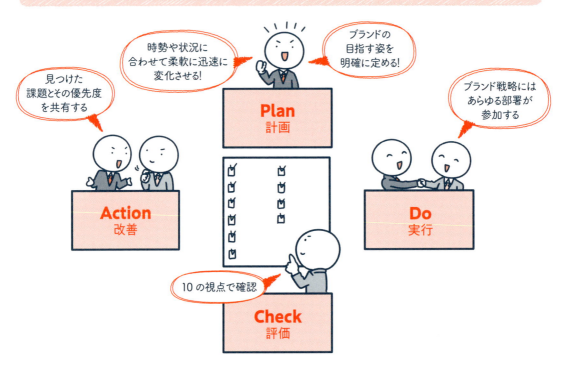

ブランディングは継続してこそ

う。ただし、PDCA サイクルを回す前に定義付けを行ったブランドストーリーやガイドラインなどは、固定化して時代遅れにならないように注意が必要です。**ブランド戦略を立てるということはブランドの目指す姿が明確になり、結果的に開発、生産、物流、マーケティング、営業・販売、顧客対応などの各オペレーション別の具体的な行動項目となる**ため、組織全体の変化につながります。裏を返せば、ブランディングは一部門だけでなく、組織全体で推し進めなくてはいけないということです。

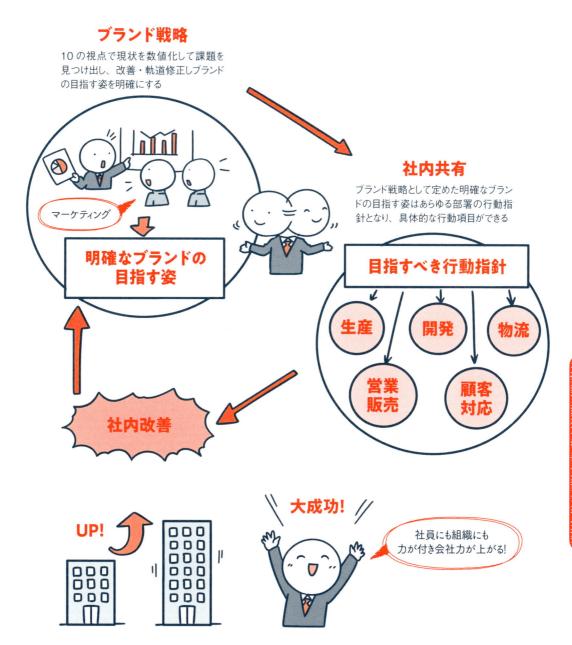

column

覚えておきたい ブランディング用語集 06

✅ KEY WORD

定性調査 P57,177

グループインタビューなどで企業が消費者らと対面し、意見などを吸い上げる調査手法。対面形式で質問をすることで消費者の生の声や深層心理を拾い上げ、その商品が選ばれるに至った経緯や情緒的な動機など、グラフや数値では測れない商品購入の行動原理が把握できる。

✅ KEY WORD

フランチャイズ P181

本部と呼ばれるフランチャイザーが自社の商号・商標などを使用する権利や、開発した商品・サービス・営業上のノウハウなどを提供し、フランチャイジー（加盟店）に同一ブランドで営業を行わせる事業契約のこと。加盟店は本部に対し加盟金を支払う。

☑ KEY WORD

CMO
P105

Chief Marketing Officer（最高マーケティング責任者）の略。マーケティング戦略を立案し、実行する責任者。SNSの普及やデータ処理や解析技術の高度化によるデジタルマーケティングの重要性の高まりとともに、任命する企業も増加。

☑ KEY WORD

モニタリング
P185,194

監視や観察、測定、検査などの意味で、特定の対象をよく観察することをいい、分野によって意味合いが異なる。経済用語の場合、特定の商品や製品の売上げについて下調べをし、どうすればさらに売上げを向上させられるか、今後の予測や評価を下すことを指している。

☑ KEY WORD

ペイドメディア
P197

テレビや新聞、雑誌やラジオなどの広告費を支払って広告を出稿するメディアを指す。不特定多数の消費者の目に広く触れるマスメディアであることが多い。そのため影響力が大きく、企業やブランドの認知を広げることができるとされてきた。

☑ KEY WORD

純粋想起
P197

企業やブランドの認知度や浸透度などを調査する際の想起（思い起こす）の定義の一つ。ブランド再生とも言う。認知度調査を行う際は選択肢や写真などの手がかりやヒントなしで自由回答させる。選択肢や写真を提示して行う調査を助成想起と呼ぶ。

Chapter 7

Branding
mirudake note

ブランディングの成功例に学ぶ

デジタル時代が進み、旧来のマーケティングでは立ち行かなくなっている企業が多いなか、日本でもブランディングを進めて結果を出している企業はあります。本章ではそのブランディングの進め方や考え方で参考になる例を紹介していきます[※]。

※P206・208・212の事例は『ブランディング 7つの原則【改訂版】成長企業の世界標準ノウハウ』より引用・再編集しています。

KEY WORD → ☑ グローバル化、文化の違い、自分ごと化

01 BRAND
真のグローバル企業に生まれ変わったサントリーグループ

歴史ある企業などで起こりがちなのが、ブランディングが完成したという「思い込み」。時代に合わせたブランディングを行っていかないと、成長を続けることはできません。

1899年の創業から長い歴史と伝統を持つ企業として、日本有数のブランドの地位を確立していたサントリーグループ。国内でも一定のシェアを確保し、知名度も高い同グループが2001年以降に**グローバル化**のために行ったのが、グループ全体のブランド戦略。国内で自社グループ内のブランディングはある意味で完成していた同グループですが、**グローバル化によって行ったブランディングの結果、売上高が約1兆4343億円から2016年には約2倍の2兆6515億円となり、海外売上高比率が17%も増加する**など大きな結果を残しました。グローバル企業で難しいのが、文化の違いに

現地に合わせたインナーブランディングで成功

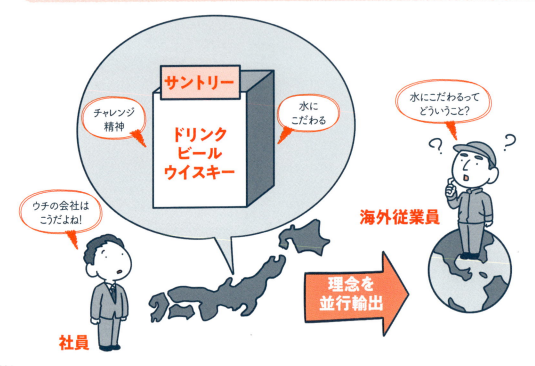

206

よって理念などの浸透度が違ってしまうこと。サントリーグループもブランドガイドラインなどは整備されていましたが、海外拠点などで配布していたのは単なる現地語訳のもので、その価値観や意識などが正確に伝わっていなかったのです。そこで同社が行ったのが、グローバルな一体化のための部署の設立と「イズム」の浸透施策でした。**言語や文化的な違いを乗り越えて理解が進むにつれ、従業員たちの「自分ごと化」が進み、モチベーションもアップ**。日本らしさやサントリーらしさを表現する海外向けのジン「ROKU」の開発・販売なども通して、世界的規模でのブランディングを推し進めることに成功したのです。ブランディングの社内浸透が進むことでグローバル事業での結果を出した例と言えるでしょう。

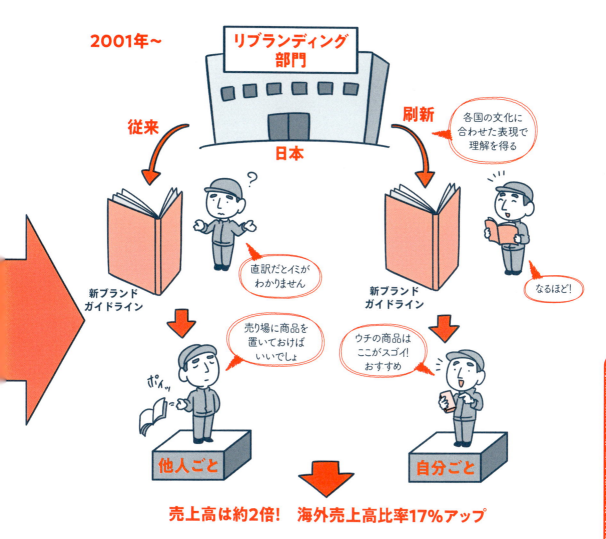

KEY WORD ➡ ☑ リブランディング、ユニークな商品

02 BRAND
業界の革命児が停滞から よみがえったマツモトキヨシ

一時はブランディングの成功例とも言えるほど一般に浸透したものの、競合ブランドの追い上げで苦境に立ったマツキヨ。その復活にリブランディングが寄与しました。

現在では珍しくない **「都市型ドラッグストア」という業態を全国に広く浸透させた**「マツモトキヨシ」。1987年に上野アメ横店を出店して以来、首都圏から地方まで都市圏の多くに出店し、革新的なブランドとして1995年には業界トップの地位に躍り出ました。2005年にはPB「MKカスタマー」を発売し、医薬品だけでなく食品や日用品、化粧品などの豊富な品揃えで幅広い顧客層の支持を得て「マツキヨ」という愛称で親しまれるように。しかし、その後2010年以降には追随する競合のドラッグストアや、バラエティ豊かな商品をそろえるという面で類似したショップなどの

独自性を発揮して他社と差別化

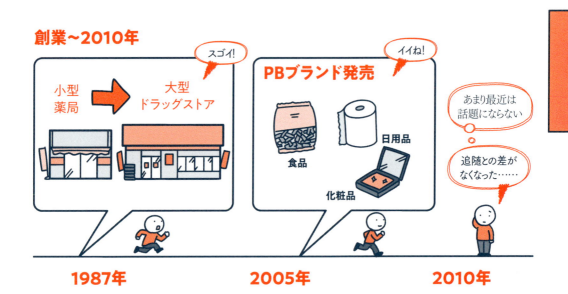

208

台頭により苦戦を強いられるようになったのです。そこで2015年に**同社が行ったのが、プライベートブランド（PB）のリブランディング**。それまでの同社のPB「MKカスタマー」を廃止し、新たに「matsukiyo」を立ち上げました。そして、「日本の暮らしを楽しくする。」というブランドビジョンと、「毎日の暮らしを、より美しく、健やかに、楽しく彩る、アイディアを利かせた、オリジナルブランド」というブランドコンセプトを策定。顧客が楽しく買い物ができることを目指したものでした。ブランドロゴの変更から、分かりやすさ・楽しさを感じさせるものといった顧客目線のパッケージングへの変更まで、**ユニークな商品を買う楽しさを顧客に提供するという姿勢を全社に浸透させ、競合との差別化に成功**。結果として3年間で売上げを2015年比で130％にまでアップすることに成功したのです。

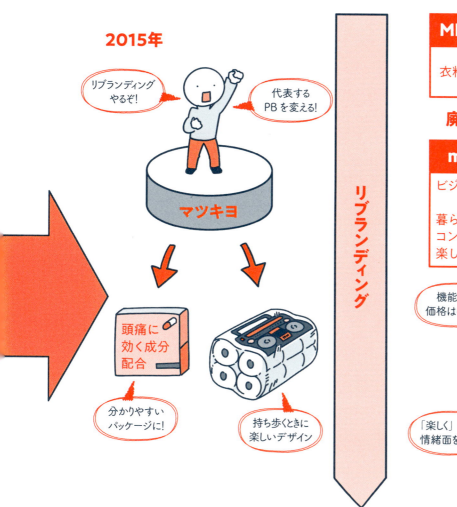

KEY WORD ➡ ☑ 販売チャネル、スカイアクティブ技術

リブランディングで経営危機を脱したマツダ

かつて経営危機にまで陥った大手自動車メーカーのマツダ。その失敗をどのようなブランド戦略によって乗り越えたのかを見てみましょう。

国内での販売シェア4位を誇る自動車メーカーのマツダには、1990年代は「マツダ地獄」という言葉が使われるほど経営が苦しい時期がありました。それは、バブル経済の最中に行った「5チャンネル体制」という販売体制のため。**車種によって国内での販売チャネルを分け、幅広い顧客獲得を狙って商品ラインナップを大量に増やしたのですが、コーポレートブランドとしての主張が薄まってしまった**のです。これは、ラインアップの差別化が不十分なまま多くのモデルを展開したことが原因。結果、ブランドイメージは混乱し、販売台数は低下しました。しかし、モデル数の急激な増加は研究開発費

高い技術力がブランド価値になるまで

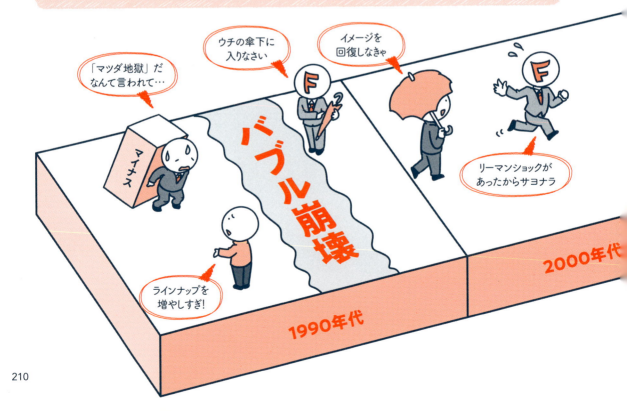

を増大させて経営を圧迫し、1996年にはバブル経済崩壊もあってフォード傘下になります。その後は、2002年からブランドイメージの向上に努めましたが、2008年にフォードからの資本が縮小され、再び経営危機に。そこでマツダが取り組んだのが全モデル共通の属性をそろえ、車づくりの基礎を統一する方法。それにより生まれた同社の高い技術を磨き上げた「**スカイアクティブ技術**」と「魂動」デザインを2012年から本格展開させ、商品力を高めたのです。同社のファンが満足できる車づくりを徹底するという、マツダを愛するユーザーを大切にする「2%戦略」を徹底することで**「車好きならマツダ」というブランドイメージを再構築することに成功**。このリブランディング戦略により、日本カー・オブ・ザ・イヤーやJapan Branding Awardsなども受賞しています。

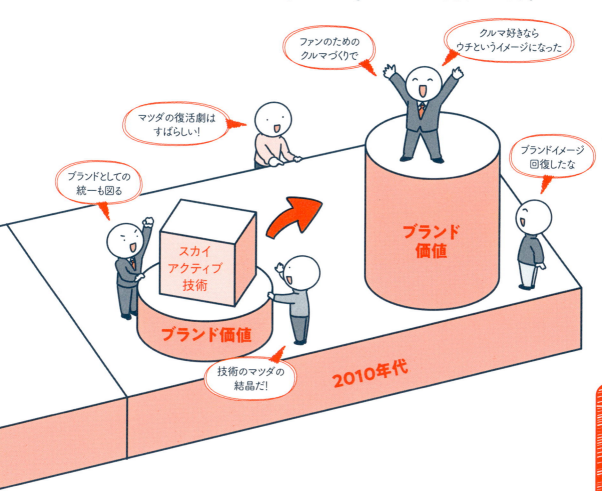

KEY WORD → ☑ ブランドシンボルマーク、モチベーション

04 グループ全体にブランド価値を蓄積させた大和ハウス

BRAND

「創業者の夢の実現」という分かりやすく共有しやすい目的を掲げ、グループ全体のリブランディングを進めた大和ハウスグループの取り組みの流れです。

日本有数の住宅メーカーであり、商業建築、ホテル、ホームセンターまで事業を拡げ、グループ全体で1兆円以上の売上げ規模を持つグループ経営を行っている大和ハウス。しかし、少子高齢化の将来を見据え、同グループは複合事業体としての成長に本格的に取り組む必要がありました。そこで大和ハウスグループでは、**グループ内の幅広い事業をつなぎ、顧客との関係を強化する**ために2005年からグループブランディングを実施し、企業イメージの大幅な向上に成功。「創業100周年に売上高10兆円」という創業者の夢の実現に向けた取り組みを続けています。

グループ内で目指す姿を共有して業績アップ

212

同グループでまず行ったのは、「人・街・暮らしの価値共創グループ」と新しくポジションを定義すること。目指す方向を明確にし、その象徴として**ブランドシンボルマーク**「エンドレスハート」を開発しました。大和ハウスの創業50周年を機にグループにこのブランドシンボルマークを展開するとともに、テレビCMや新聞広告などにより新しい方針を社内外に伝え、リブランディングを推進したのです。この活動のなかで登場した「共創共生シリーズ」のテレビCMや新聞広告は、数多くの賞を受賞するなど高く評価されました。グループ全社員の心をまとめ、強い経営体制を構築するという目的で行われたこの**シンボルマークの導入などにより、社員のモチベーションも向上**し、導入後の連結売上高は2.8倍にまで拡大したのです。

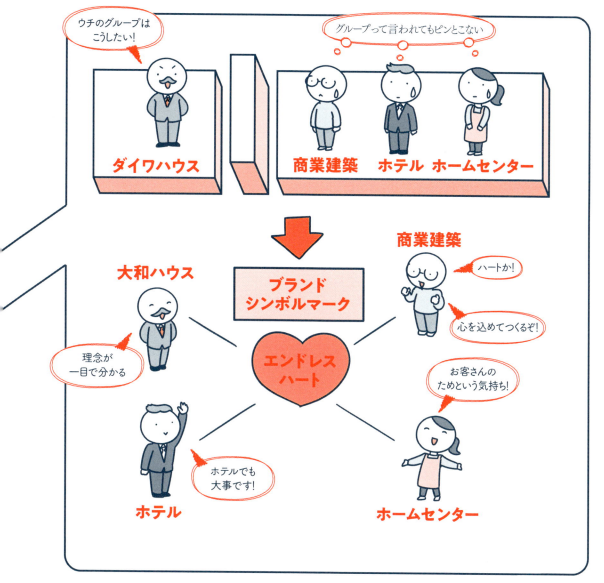

KEY WORD ➡ ☑ BtoC、BtoB、カラーの反射布

05 BRAND
埋もれていた製品価値を再訴求したレフライト

自社の強みを活かしきれずにブランド消滅の危機を迎えていたレフライト。ブランドのビジョンを変え、適切なターゲットに向けたリブランディングによって復活を遂げたのです。

顧客向けの **BtoC** ビジネスでは、消費者のニーズを読み取って商品開発をすることが大切ですが、**BtoB** ビジネスを行う企業では、メーカーなどのニーズに合わせたビジネスを展開します。その際は、より効率的にリソース提供を行うことが求められ、ニーズに合わない技術などは淘汰されます。「レフライト」の事例も、独自性の高いカラーの反射布という優れた技術であったにも関わらず、ファッションブランドには知られておらず、眠っていたものの一つ。「光を反射させ目立たせる」という作業着のニーズでは不要とされた、「カラー」に焦点を当てたリブラン

独自性を活かしたリブランディング

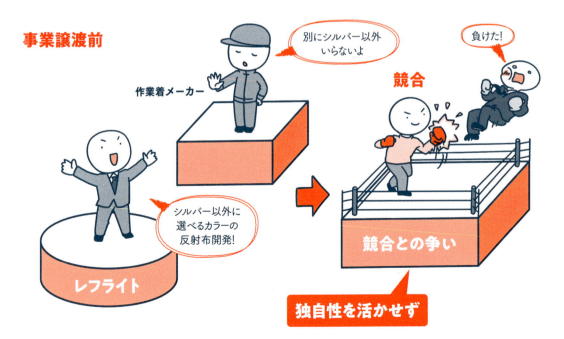

214

ド戦略を行いました。「**カラーの反射布**」は従来のBtoBビジネスの取引先からは不要とされ、結果、独自性を活かせず、同ブランドは2015年にMipox社に事業譲渡されましたが、そこで行われたのがリブランディング。ブランドのビジョンを「輝きで世界を変える。」とし、ブランドの目指す姿を「輝こう。無限の彩りで。」に策定。「私たちは生まれ変わる」とインナーブランディングを進めました。このリブランディングではファッション業界のデザイナーに向けてもアプローチし、新たなファッション素材としての地位を確立。**ファッション向けにしたことでイメージアップを遂げたレフライトは、工業向けにも機能性が高い素材を次々に発表し、機能性を求めるニーズに対応**。このリブランディングにより新規顧客の開拓にもつながりました。

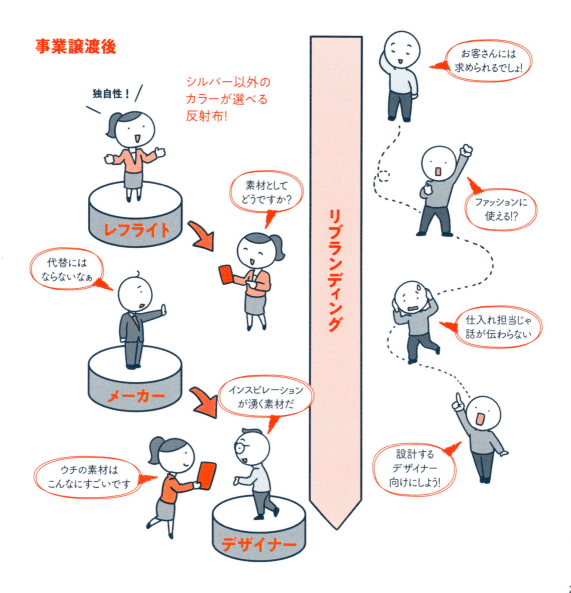

KEY WORD → ☑ ポテンシャルユーザー、タッチポイント

06 BRAND
コロナ禍で提供価値を見直し拡大したシダス

適切なタッチポイントで行われていたブランディングが状況によって実施不可能になった同社は、新たなタッチポイントでのブランディングで業績をアップさせました。

フランス発祥のスポーツ系高機能インソールメーカー、シダス。アスリートが利用するなど、トップブランドの地位を確立していましたが、その基本的な販売先はスポーツ量販店などの専門店であり、コロナの自粛で店舗が休業してことを受けた同社にとって、EC強化は喫緊の課題でした。また、靴文化が進んだ欧米諸国と違って、日本では高機能インソールが姿勢をよくしたり、歩きやすくしたり、疲れを軽減するという作用が知られておらず、**ポテンシャルユーザーがいるにも関わらず、そこにリーチしていなかった**のです。そこでシダスが行ったのが、ブランド価値を考え直

コロナ禍でブランド戦略を変更

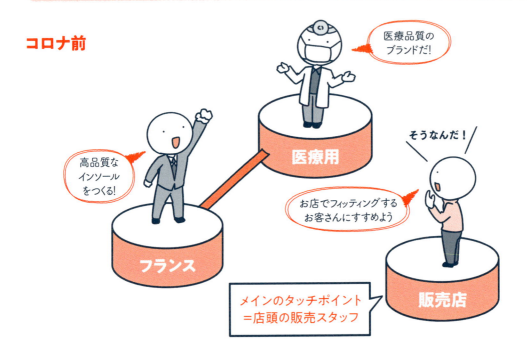

し、グリップ力や安定性、快適性といった機能的価値に加え、パフォーマンスをよりアップさせて得られる喜びといった情緒的価値をブランド提供価値とすること。「足から、動きが変わる。」というブランドの目指す姿を策定し、スポーツ界に限らずパフォーマンスを高めたい人がいると想定したリブランディングを実施。まだインソールを使ったことのない方々に向けて、ブランド初の一般向けエントリーモデルを「Makuake」にて販売するというチャレンジを実施。わずか55時間で目標を大幅に上回る612%の売上げを達成しました。また、ブランドコミュニケーションとして社員全員によるSNS発信や、インソール認知拡大のためのPRも強化。消費者ニーズや時流を意識した発信により、多くのメディアに取り上げられました。ターゲットを見直すことで結果として**タッチポイント**も広がり、今ではAmazonでの売上げが2.5倍にまでになったのです。

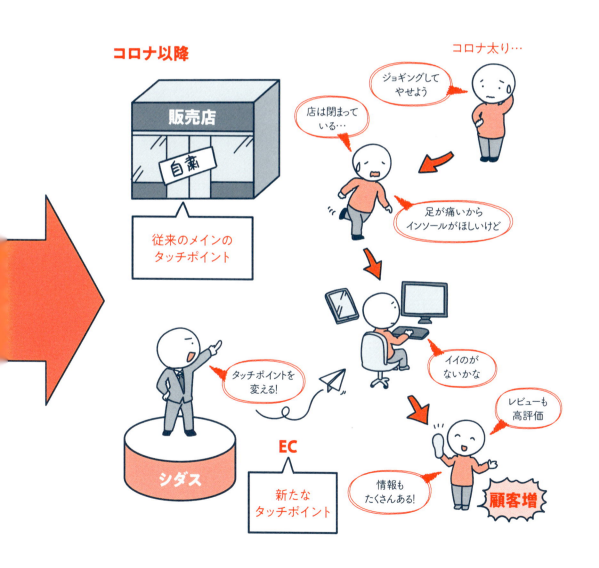

掲載用語索引

数字

1語で表現	135
3C分析	76
4E戦略	39
4P戦略	38
5A理論	171

アルファベット

AIDMA	170
CMO	185,203
ITの活用	157
KGI	69,71
KPI	47,69,71
KPIマネジメント	69
PB	101,109,113,208-209
PDCA	42,68-69,200
SNSサービス	168,179
VI	128

あ

愛着	79,158,160-161,182-183,198
アウターブランディング	52-53,66-67,69,163,166-168
当たり前	66,80,115
アナグラム	135
ありきたり	136
アルファベット表記	137
居心地のよさ	125,199
一体感	162,198-199
色	127,130-131,133,155
インカムアプローチ	34-36
インサイト	53,77,88-91
インナーブランディング	52-53,65,69,158-161,166,172,183,206,215
インパクト	162-163,177,187
インフルエンサー	119,169,172
エコ	123
エスノグラフィ	57,70
エビデンス	120
オーディエンス	141
オピニオンリーダー	196
お客さん視点	105

か

カイゼン	200
階層	19-20
概念明瞭度	180-181

価格プレミアム	25,30-31
核	146,173
隠れた真実	89
かけ合わせ	135
頭文字	135
カスタマージャーニー	57,71,90-91,170
仮説	57,71,91
語り口	138-139,194
価値観・世界観	82
関与浸透度	182-183
キーカラー	130-132
キービジュアル	132-133
キーワード	115
機能的特性	103,139
機能的ニーズ	190
機能ベネフィット	190
ギャップ	51,112,176,178-179
共感共創度	198-199
共創	146,170-171,199,213
価格の許容度	92-93
切り口	147
クアドラントモデル	124
空間・環境	124-125
口調	138,140
クラウドファンディング	169
クリエイティブブリーフ	164-165,173
経済的価値	30-31

コアターゲット	82,123
効果測定	69,176-177,198
行動観察	70,90
顧客インサイト	56-57,88,97,113
顧客との関係性	74
顧客にとってのベネフィット	116
個性	59,114,122-123
こだわり層	44

さ

再活性化	106
サイコグラフィック	87
差別特有度	192-193
軸の項目設定	104
自己表現的ベネフィット	116-117,148,170-171
自社の強み	53-54,59,77-79,81,97,99,102,113-114,120,214
自社ブランドの理解度	147
社員教育	64,158
ジャパン・ブランディング・アワード	32
純粋想起	197,203
情緒的特性	103,139
情緒的ニーズ	190-191
情緒ベネフィット	190
情報のやり取り	21

書体	153,172	チャレンジャー	94-96,102
ジョハリの窓	80	陳腐化	137
信頼確実度	188-189	定性調査	57,177,202
心理学的側面	83	デザイナー	146-147,164-165,215
ステークホルダー	46,62,65-66,141,149	デザインシステム	133
ストーリー性	163	デモグラフィック	87
整合性	140	伝統	107,188-189,206
製品に関する自我関与度	92-93	統治管理度	184
セオリー	42	トーン＆マナー	33,127
セブンプレミアム	113	トーン・オブ・ボイス	138-140
全員の強い想い	40	尖り	44-45
専門性	95,147	特有の価値	192
戦略的ターゲット	85	トップダウン方式	40-41
創造性	147	トラッキング	177
組織のイノベーション	187	トレンド	167,178-179
組織の機動性	187		
存在影響度	196-198		

な

ニッチャー	94-96,102
認知→理解→好意→愛着	79
値下げをすることのリスク	26

た

体験一貫度	194
タグライン	142,149
タッチポイント	33,55,62-63,67,124,133,138-141,144,149,152,160-161,164,166,185,194-195,197,216-217
知覚品質	101

は

バーバル	126
バーバルアイデンティティ	63,134,154-155
配色	132
バズ分析	57,70

発音	137
ビジュアル	67,126,134
ビジュアルアイデンティティ	63,128,154-155
ビジュアルシンボル	146
ビジュアル化	157
ファン	23,74,169,188,198-199,211
ファン基盤	199
フィードバック	68,176-177
フォロワー	94-96
プライベートブランド	101,209
フランチャイズ	181,202
ブランド・ブック	156-157
ブランドアンバサダー	160,172,182
ブランドエレメント	126
ブランドガイドライン	63,152,154-156,207
ブランド価値	26,30,34-37,42,50,52,55,60,64,69,106,118,120,158-159,165,176-177,183,194-195,200,210,216
ブランド価値評価	35
ブランドガバナンス	184
ブランド強化スコア	37
ブランドコミュニケーションマネジメント	164-165
ブランド資源	55,77,108
ブランドシンボル	128,130,143
ブランドステートメント	126,142-143,155
ブランドストーリー	92,108,155,194,201
ブランド占有率	98,109
ブランド体験	32,62-63,118-119,124,144,181,183-184,187,189,190-192,194,198
ブランドの人格	59,122,154
ブランドの世界観	126,152,184,194-195
ブランドの提供価値	113-114
ブランドの目指す姿	41,51-53,60-69,106-107,113-114,124-125,133,141-143,149,158,165,178,180-182,189,193-194,198,201,215,217
ブランドパーソナリティ	58-59,122-123,154,165
ブランド品	20
ブランドへの共感	28
ブランドポジショニング	58-59,94
ブランド役割指数	37
ブランド要素	52-53,69,126,132,134,138,142,144

ブランドらしさ
　　　　　　　53,62,67,126,132,
　　　　　　　138-139,152,180,185
ブルーオーシャン　　96-97,109
プレスリリース　　　166-167
プレゼンス　　　　　196
プロダクト　　　　　124-125
ベストプラクティス　43
ベネフィット　　　　115-116,190
ペルソナ　　　　　　86-87
変化対応度　　　　　186-187
ほかが絶対にマネできない味　145
誇り　　　　　　　　161,182
ポジショニング
　　　38,59,100,106,154,192-193
ポジショニングマップ
　　　　　　　　　　102-104,109
ボトムアップ方式　　41

ま

マインドシェア　　　98
マーケット　　　　　105
ミッション　　　　　28-29,55,77
無形資産　　　　　　22,30-31,34,108
メッセージシステム　140-141
メロディ　　　　　　144-145
盲点の窓　　　　　　80-81
モニタリング　　　　185,194,203

や

要求充足度　　　　　190-191

ら

リーディングブランド　41,50-51
リーダー　　　　　　94-96,102
リブランディング
　　　　　　　101,106-107,
　　　　　　　208-209,211-215,217
歴史　　40,54,107,181,188-189,206
レッドオーシャン　　78,97,109
ロゴデザイン　　　　128-129,179

主要参考文献

『ブランディングが9割』
乙幡満男（著）／青春出版社

『ブランディング 7つの原則【改訂版】 成長企業の世界標準ノウハウ』
インターブランドジャパン（編著）／日本経済新聞出版社

『ブランディング 7つの原則【実践編】持続的なビジネス成長の実践ノウハウ』
インターブランドジャパン（編著）／日本経済新聞出版社

『ブランディング』
中村正道（著）／日本経済新聞出版社

『デジタル時代の基礎知識『ブランディング』
「顧客体験」で差がつく時代の新しいルール』
山口義宏（著）／翔泳社

『図解でわかるブランドマネジメント[新版]』
株式会社 博報堂ブランドコンサルティング(著)／日本能率協会マネジメントセンター

『ブランド・リーダーシップ─「見えない企業資産」の構築』
デービッド・A.アーカー、エーリッヒ・ヨアヒムスターラー(著)／阿久津 聡（訳）／ダイヤモンド社

『小さな会社を強くする ブランドづくりの教科書』
岩崎 邦彦(著)／日本経済新聞出版社

STAFF

編集	木村伸司
編集協力	長田毬花
執筆協力	高山由香、村沢 譲
本文イラスト	小野崎理香
カバーイラスト	フクイサチヨ
カバーデザイン	別府 拓（Q.design）
本文デザイン	別府 拓（Q.design）
DTP	川口智之（シンカ製作所）

監修
乙幡満男（おとはた・みつお）

1974年生まれ。東京都小平市出身。株式会社ブランドテーラー代表取締役。日本マーケティング学会会員。日本ブランド経営学会会員。クレアモント大学院大学（ドラッカービジネススクール）にてMBA取得後、イオン株式会社のPBブランディングに従事。2014年から株式会社マツモトキヨシで新PB「matsukiyo」などを立ち上げ、ブランド全体の売上・利益向上に貢献し、世界最大のブランドコンサルティング会社であるインターブランドが主催する「Japan Branding Awards」で最高賞受賞に貢献。2018年にブランド開発及び商品開発のコンサルティング会社である株式会社ブランドテーラーを創業。大手流通やメーカーなど様々な企業のブランドコンサルタントとして活躍する傍ら、セミナーや執筆活動も行っている。著書に『ブランディングが9割』（青春出版社）がある。

デジタル時代に知名度ゼロから成功する！
ブランディング見るだけノート

2021年6月24日　第1刷発行

監修　　乙幡満男

発行人　蓮見清一
発行所　株式会社宝島社
　　　　〒102-8388
　　　　東京都千代田区一番町25番地
　　　　編集03-3239-0928
　　　　営業03-3234-4621
　　　　https://tkj.jp

印刷・製本　株式会社リーブルテック

本書の無断転載・複製を禁じます。
乱丁・落丁本はお取り替えいたします。
©Mitsuo Otohata 2021
Printed in Japan
ISBN 978-4-299-01735-2